BUZZ

© 2019, Nightingale Conant
© 2024, Buzz Editora
Título original: *A View from the Top: Moving from Success to Significance*

Publisher ANDERSON CAVALCANTE
Editoras TAMIRES VON ATZINGEN E DIANA SZYLIT
Editores-assistentes JOÃO LUCAS Z. KOSCE, ÉRIKA TAMASHIRO E
  NESTOR TURANO JR.
Estagiária editorial LETÍCIA SARACINI
Tradução ROBERTO GREY
Preparação ISADORA SINAY
Revisão LIGIA ALVES, LEANDRO RODRIGUES,
  ALEXANDRA MISURINI E DANIELA GEORGETO
Projeto gráfico ESTÚDIO GRIFO
Assistentes de design JULIA FRANÇA E NATHALIA NAVARRO

Nesta edição, respeitou-se o novo Acordo Ortográfico
da Língua Portuguesa.

Dados Internacionais de Catalogação na Publicação (CIP)
de acordo com ISBD

Z68v
  Ziglar, Zig
  A vista do topo: Vá além do sucesso e
  torne-se relevante / Zig Ziglar;
  Título original: *A View from the Top: Moving from*
  Success to Significance
  Tradução: Roberto Grey
  São Paulo: Buzz Editora, 2024.
  192 pp.

ISBN 978-65-89623-06-9

1. Autoajuda. 2. Motivação. I. Título.

2022-1573   CDD 158.1 / CDU 159.947

Elaborado por Odilio Hilario Moreira Junior, CRB-8/9949

Índices para catálogo sistemático:
1.   Autoajuda 158.1
2.   Autoajuda 159.947

Todos os direitos reservados à:
Buzz Editora Ltda.
Av. Paulista, 726, Mezanino
CEP 01310-100, São Paulo, SP
[55 11] 4171 2317
www.buzzeditora.com.br

Zig Ziglar

A VISTA DO TOPO

Vá além do sucesso e torne-se relevante

Tradução de Roberto Grey

INTRODUÇÃO		07
1	Uma vida bem-sucedida	09
2	Tudo gira em torno do equilíbrio	28
3	Do sucesso à relevância	40
4	Criando relações vantajosas	54
5	Liberdade para ter sucesso	70
6	Cultivando seus sonhos	87
7	Imaginação e motivação	104
8	Sua missão na vida	119
9	Relevância e espiritualidade	138
10	Objetivos equilibrados e significativos	151
11	Dando passos rumo ao topo	176

INTRODUÇÃO

Zig Ziglar dedicou sua vida a ensinar pessoas a serem bem--sucedidas. Inúmeros indivíduos atribuem seu próprio sucesso ao fato de terem assistido às palestras de Zig em um de seus revigorantes seminários ou instigantes programas de rádio. No entanto, apesar do incrível impacto que exercia sobre as pessoas, Zig percebeu que o sucesso simplesmente faz parte dos desafios da vida. Ele descobriu que o êxito financeiro ou profissional quase sempre dura pouco. Muitas vezes, as pessoas acabam insatisfeitas. Elas alcançam seus objetivos, mas, embora tenham muitas coisas que o dinheiro pode comprar, sentem que faltam aspectos importantes da existência que o dinheiro não é capaz de trazer.

O sucesso vale o tempo e o esforço investidos nele, mas não é suficiente para garantir, pela vida inteira, a sensação de haver chegado ao topo. Depois do sucesso, o próximo passo é ultrapassá-lo em direção à relevância. *A vista do topo* é um capítulo expressivo na jornada pessoal de Zig Ziglar rumo ao autoconhecimento.

Zig compartilha com você suas mais íntimas descobertas sobre os elementos mais importantes de uma vida realmente significativa. Usufruindo da experiência de seus mais de quarenta anos como palestrante motivacional mundialmente conhecido, Zig identifica e depois demonstra como alcançar o que as pessoas mais querem: ser felizes, saudáveis, suficientemente prósperas, seguras, ter amigos, paz de espírito, embasamento espiritual consistente, boas relações familiares e, acima de tudo, esperança. À medida que Zig for investigando como e por que adotamos uma vida com valores, caráter, honestidade, integridade e sensibilidade, você aprenderá a ter mais paz consigo mesmo, a tirar maior proveito de suas aptidões e a se conectar com o verdadeiro sentido da existência.

A vista do topo irá convencê-lo a buscar ser o melhor possível, a reconhecer e prosseguir no aperfeiçoamento daquilo que você já conquistou, do que é capaz de fazer e ser. Zig também vai ensiná-lo:

- A cultivar uma dimensão espiritual que se faça presente em todos os aspectos de sua vida.
- Sobre a força de oferecer aos outros um apoio concreto, e não apenas "dar uma mãozinha".
- A fazer mudanças radicais na sua trajetória, começando com pequenos passos.
- Que o caráter importa *sim*.
- A conjugar sua missão com o seu ideal.
- O segredo de acompanhar continuamente o trabalho, desde a execução até o bom acabamento.

Não importa se você já acompanha o trabalho de Zig Ziglar há muitos anos, ou se é a primeira vez que o lê: de um jeito ou de outro, este livro será uma experiência capaz de mudar sua vida. Seus ensinamentos o ajudarão a obter sucesso e relevância; e, quando isso acontecer, você terá atingido o topo e descobrirá como é simplesmente magnífica a visão que se tem lá de cima.

1

UMA VIDA
BEM-SUCEDIDA

Você está no topo quando amadurece a ponto de adiar a recompensa e transferir o foco de seus direitos para suas responsabilidades – quando percebe que a omissão em tomar partido do que é moralmente certo é um prelúdio para que você acabe sendo vítima do que é criminosamente errado.

Hoje é um dia muito interessante! Você vai aprender que o sucesso na vida começa com uma visão privilegiada. Vamos começar essa escalada rumo ao topo fazendo quatro perguntas a você:

1. Há alguma coisa que você possa fazer nas próximas três semanas que você sabe, com certeza, sem sombra de dúvida, que vai piorar sua vida pessoal, familiar e profissional?
2. Você acredita francamente que exista alguma coisa que você possa fazer nas próximas três semanas que vá *melhorar* sua vida pessoal, familiar e profissional?
3. Você acredita que cabe a você fazer essas escolhas?
4. Você acredita que cada escolha tem um resultado?

Talvez você não tenha percebido, mas me permita explicar a conclusão a que você acaba de chegar. No fundo, você está dizendo simplesmente: "Olha, não me interessa o que aconteceu no meu passado. Nem me preocupo demais com minha situação como um todo, nem com minha situação atual, porque há algo que eu posso fazer agora que vai tornar meu futuro melhor ou pior. E a escolha cabe a mim". Isso é profundo! Afirmar que você não é uma vítima.

Das boas decisões se colhem bons frutos

Eu convido você, e isso vale a partir deste momento, a começar a tomar decisões que lhe rendam benefícios imediatos – benefícios infinitamente mais importantes. Benefícios para agora e daqui a cinco, dez, cem anos, até. Decisões que também farão uma enorme diferença para os outros. O psiquiatra Smiley Blanton declarou que, em seus muitos anos de clínica, jamais viu alguém com demência senil que tivesse praticado estas três coisas:

- Primeiro: permanecido fisicamente ativo.
- Segundo: continuado a evoluir e aprender coisas.
- Terceiro: demonstrado verdadeiro interesse e preocupação por outras pessoas.

Em outras palavras, as pessoas saudáveis não são indivíduos autocentrados.

Conheço muita gente que não põe o foco naquilo que é importante. Precisamos permitir que o mais importante continue a ser o mais importante se quisermos atingir os objetivos mais significativos. O sociólogo Eric Hoffer afirmou que, em épocas de transformações, quem aprende herda a terra, enquanto continua a aprender. Os que já sabem estão, sim, bem

preparados, mas para lidar com um mundo que já não existe.
E como isso é verdade! Precisamos estar sempre aprendendo.

AS PESSOAS SAUDÁVEIS NÃO SÃO
INDIVÍDUOS AUTOCENTRADOS.

Meu mentor e amigo Fred Smith dizia que era um direito seu
não ter diploma, mas que nem por isso ele tinha o direito de
ser ignorante. Na minha opinião, é impossível não concordar
com essa premissa. Fred nunca frequentou uma universidade,
a não ser para ensinar, dar palestras e atuar em consultoria. Ele
tinha razão. Minha assistente administrativa, que trabalhou
comigo durante os últimos 24 anos, não chegou a terminar
o Ensino Médio. Há cerca de sete ou oito anos, fizemos uma
avaliação de nossos funcionários importantes. Os resultados
dela ficaram ligeiramente acima do nível de mestrado. Vejam
só, ela não evoluiu do Ensino Médio até o nível de mestrado
da noite para o dia. Mas a boa notícia é que ela evoluiu, como
todos nós podemos evoluir. E isso é o passo a passo. As pequenas coisas fazem realmente uma enorme diferença.

FALO COM CERTA SEGURANÇA NÃO POR CAUSA
DO QUE ME VEM À MENTE,
E SIM POR CAUSA DO CONTEÚDO
QUE TRANSMITO.

Agora, quero que você saiba, logo de início, que confiro minhas
afirmações psicológica, teológica e fisiologicamente antes de
verbalizá-las, escrevê-las ou registrá-las, porque somos seres
físicos, mentais e espirituais. Se atendermos a todos esses

aspectos da vida, é mais provável que estejamos no caminho certo. Falo com certa segurança, não por causa do que *me vem à mente*, e sim por causa do conteúdo que *transmito*. Há uma enorme diferença entre essas duas coisas.

Preciso frisar, também, que geralmente confiro meus comentários, consultando pelo menos duas fontes diferentes. Quando citei a afirmação de meu amigo de que ele jamais conhecera alguém com demência senil, não importa a idade, foi depois de ligar para esse amigo, Frank, em uma clínica mundialmente famosa, cheia de psiquiatras e psicólogos. Perguntei se eu tinha razão em afirmar o que afirmei, e se ele confirmava. O que eu disse: "O Alzheimer é uma doença, porém a maioria das doenças mentais é fruto de uma longa série de escolhas erradas". (Eu disse a *maioria* porque, às vezes, as doenças são hereditárias.) Frank me recomendou um médico que trata dessas doenças e me garantiu: "Zig, ao colocar a coisa dessa maneira, você está absolutamente certo".

Nesse momento, eu não conheço a situação da sua vida, da sua carreira, seus assuntos pessoais, familiares e de negócios – e não conheço seu passado. A questão é que o teólogo escocês Carl Baade já disse que *ninguém é capaz de voltar atrás e começar de novo, mas somos todos capazes de criar um novo final*. É isso que iremos trabalhar no desenrolar deste livro.

De certo modo eu comecei aos 45 anos. E o objetivo deste livro é assegurar que você pode realmente começar de novo e que é capaz de encontrar surpresas espantosas. Meu amigo Joe costuma dizer: "Você não precisa ser o tal para começar, mas precisa começar para chegar a ser o tal". Para mim, essas palavras são mais que verdadeiras. Mesmo assim, as pessoas muitas vezes se perguntam: "Será que sou capaz de chegar ao topo?".

Anos atrás, li algo que ainda me deixa intrigado. Li que uma em cada três pessoas é extraordinariamente bela ou inteligente – incrivelmente bonita ou brilhante. Pois essa pessoa é você! E se de agora em diante, e até o fim da vida, alguma ideia negativa passar pela sua cabeça, quero que diga: "Não, isso não se aplica a mim. Sou um cara incrivelmente bonito e inteligente" ou "Sou uma garota incrivelmente bonita e brilhante".

Agora, pense nisto: *se você tem importância para alguém, você é importante.* Pense por um instante. Em seguida, considere o que disse Muhammad Ali: "Se alguém consegue pegar um pedaço de pão mofado e fazer penicilina com ele, imagine o que um Deus amoroso poderá fazer contigo". Você foi destinado para realizações e construído para o sucesso. Foi agraciado com o germe da grandeza. Basta reconhecer que tem essa semente, regá-la, fertilizá-la. E, em seguida, perceber que você é uma pessoa singular.

E pense nisto. Lá no ano 399 d.C., Santo Agostinho disse (estou parafraseando) que o homem viaja centenas de quilômetros para ver a amplidão do mar e mirar com espanto o céu acima. Olha boquiaberto os campos e as montanhas, os rios e os riachos, e, depois, segue adiante sem pensar nem um pouco na mais espantosa criação de Deus.

Terremotos e furacões recebem toda a atenção, mas sabia que os cupins fazem mais estragos do que os dois juntos? Dão mordidas tão pequeninas que é impossível vê-las a olho nu, mas são tantas, que causam enorme destruição. O recado aqui é: você consegue provocar mudanças radicais dando pequenos passos. Quando percebe isso com clareza, começa a ver que é capaz de chegar lá em cima, de passinho em passinho.

A OPINIÃO MAIS IMPORTANTE QUE VOCÊ TEM
É AQUELA QUE TEM SOBRE SI MESMO.

Escrevi um livro de 384 páginas. Concluí o trabalho em dez meses – uma página e um quarto, em média, todo dia. Mudanças radicais. Pequenos passos. Quando compreendemos isso, algo espantoso acontece. Mas como se faz? Bem, um psicólogo que cito frequentemente diz: "Você não consegue transformar um quadro mental negativo em um quadro positivo sem transformar a fala negativa em fala positiva". Para fazer isso, é preciso transformar o *input* negativo em positivo. E *a opinião mais importante que você tem é aquela que tem sobre si mesmo*. A conversa mais importante que você terá todo dia é a conversa que terá consigo mesmo – por isso, é preciso tornar essa conversa diária algo muito positivo.

Esperança e ação

Durante anos, eu falei da minha perda de peso. No decorrer de 24 anos da minha vida adulta, meu peso foi bem mais do que noventa quilos – e por escolha própria. Digo por escolha própria, porque simplesmente nunca comia nada "acidentalmente". Durante aqueles 24 anos, escolhi comer demais, escolhi pesar demais. Experimentei todas as dietas conhecidas; a dieta dos trinta dias, por exemplo – com ela, perdi um mês! Mas eu era determinado. Fazia dieta "religiosamente" – ou seja, só não comia quando estava na igreja.

Então, em 1972/73, durante um período de dez meses, resolvi começar a usar a cabeça. Pensei que, se perdesse, em média, 55 gramas por dia durante dez meses, eu chegaria, aproximadamente, aos dezessete quilos que precisava perder. Se você sofre com o excesso de peso, provavelmente pensou consigo mesmo: "Eu conseguiria fazer isso!". E nasce a esperança! A ação vem sempre depois da esperança. Se não há esperança, não há atividade. Quando há esperança no futuro, há força no presente, de acordo com o meu amigo John Maxwell.

Anos atrás, o psicoterapeuta Alfred Adler declarou: "A esperança é a qualidade fundamental de toda mudança, porque, se não houver esperança, não há ação, e o vendedor que não tem esperança de vender não vai bater na porta de ninguém". Para que se dar ao trabalho? Um jovem sem esperança não vai estudar. "Por que me dar ao trabalho? Eu não vou passar mesmo." Mas dê esperança a essas pessoas e a atividade surgirá em seguida.

É disso que estamos falando aqui – esperança. *A esperança é a qualidade fundamental de toda ação.* Agora, o que queremos compreender é como as portas da oportunidade e da evolução se abrem com as dobradiças da esperança. Nações foram descobertas por causa da esperança, e libertas devido a ela. Há avanços médicos e científicos devido a ela. Indústrias e educação foram adquiridas graças à esperança. As empresas de cosméticos vendem esperança. Os regimes dietéticos vendem esperança. Essas coisas são extraordinariamente importantes.

Mas, então, todo mundo quer coisas que o dinheiro pode comprar – bem, quase todo mundo. Quem alega não ter interesse no dinheiro, mente também sobre outras coisas. Quero dizer, esse é simplesmente um dos fatos incontornáveis da vida. O dinheiro não é a coisa mais importante, mas, racionalmente, pode ser quase comparável ao oxigênio. Quando você precisa dele, é uma necessidade mesmo. E devo confessar que gosto das coisas que o dinheiro compra. Gosto de usar roupas bonitas, andar em um belo carro, morar em uma boa casa, levar minha esposa para comer em restaurantes, fazer viagens agradáveis. Gosto de jogar golfe no clube campestre. Gosto de *todas* essas coisas, e cada uma delas custa dinheiro. Mas eu *adoro* coisas que o dinheiro não compra.

COM DINHEIRO POSSO COMPRAR UMA CAMA,
MAS NÃO UMA NOITE BEM-DORMIDA.

Com dinheiro posso comprar um companheiro, mas não um amigo. Com dinheiro posso comprar uma cama, mas não uma noite bem-dormida. Posso comprar diversão, mas não paz de espírito. São essas as coisas que amo de verdade. Vamos investigar como obter *mais* coisas que o dinheiro compra, e *todas* as coisas que o dinheiro *não pode* comprar.

O que as pessoas querem e de que precisam

À medida que avançarmos, iremos identificar o que as pessoas querem e de que precisam. Todo mundo quer ser feliz, saudável e ter razoável prosperidade e segurança. As pessoas querem ter amigos, paz de espírito e boas relações familiares – e a esperança de que seu futuro será ainda melhor. Porém, há mais do que isso – precisamos amar e ser amados. É possível tomar providências para que isso aconteça? Bem, comecemos com esta filosofia: *você pode ter tudo que quiser na vida se ajudar bastante os outros a ter o que desejam.*

Ao contrário do que acreditam certas pessoas, na verdade você pode viver sua vida como quiser, mas só uma vez. Apenas uma vez, apenas em uma vida. Se sua prioridade máxima é o status, sua qualidade de vida dificilmente melhora. Mas, se a qualidade de vida é sua prioridade máxima, seu nível de vida quase sempre evolui. É importante compreender isso. Adoro algo que meu falecido amigo William Arthur Ward disse: "Cada um de nós será julgado um dia por sua qualidade de vida, e não pelo seu status na vida; pelo que doa, não pelo que desejou; por sua bondade pura e simples, e não por sua aparente grandeza". Acredito que isso seja uma enorme verdade.

Tenho total convicção de que esse recado é absolutamente necessário se ele corresponder às obrigações que tenho com as pessoas que me ouvem e leem meus livros. Meu livro *See You at the Top* era uma introdução ao que significa ter sucesso na vida e ao prazer de aproveitar muitas das coisas que o dinheiro pode comprar – e todas as coisas que o dinheiro não compra. Então, você pode se perguntar: "O que mais pode existir?".

Bem, uma das principais coisas em que pensamos é sobre que tipo de contribuição você pode dar aos outros. Venho afirmando há anos que *você* pode ter qualquer coisa na vida se quiser ajudar os outros a ter o que *eles* desejam. O que muitos não compreendem é como isso funciona, não importa quais sejam os seus interesses.

Jamais vou esquecer o que um jornalista de uma revista médica me perguntou durante uma entrevista: "Como funciona a sua tese no meio médico?". Eu meio que ri e disse: "Funciona muito bem. Se eu adoecer gravemente, for ao médico, ele me der o remédio errado e eu acabar morrendo, não direi a ninguém que ele é um bom médico. Mas, se ele me prescrever o tratamento adequado e eu me recuperar rápido, garanto que vou contar a todos que conheço que ele é um bom médico. Como ele me ajudou a obter o que eu queria, também vai conquistar aquilo que deseja – que outros pacientes fiquem sabendo e passem a procurá-lo".

> VOCÊ PODE TER QUALQUER COISA NA VIDA
> SE AJUDAR OS OUTROS A TER O QUE DESEJAM.

Outro exemplo, ligado a uma profissão diferente, me veio à mente. Li Ka-Shing, de acordo com uma matéria da revista *Fortune* de vários anos atrás, foi um dos dez homens mais ricos do mundo. Fez sua fortuna financiando pequenos negócios que forneciam bons produtos, eram bem administrados e tinham uma boa liderança – mas pouco capital. Ele descobriu que o valor médio para financiar um negócio era ter 10% de participação no próprio empreendimento. Então, embora pudesse obter 11 ou 12% de participação nos negócios que financiava, ele argumentou com os filhos, que, agora, administravam os seus bens, que ganhar 9% de negócios promissores valia muito mais do que ganhar 12% de negócios duvidosos.

Ka-Shing percebeu que era muito mais importante que os negociantes compreendessem que ele estava realmente interessado no sucesso deles. Fazendo isso, ele obteria tudo que queria – e eles também. Assim, no âmbito mais amplo do mundo dos negócios, as pessoas perceberiam: "Ei, esse Li Ka-Shing é uma cara realmente legal. Ele deseja que eu tenha sucesso!". E, como resultado, muito mais negócios buscariam o seu financiamento.

É uma filosofia que funciona na sua vida particular, na sua vida familiar, na sua vida profissional – funciona realmente sob todos os aspectos. Esta é uma das principais coisas que desejo frisar: há algo maior na vida do que simplesmente ter dinheiro, do que apenas ser saudável. Quando você aceitar essa filosofia, estará realmente entrando em uma dimensão espiritual, que é de onde brotam a verdadeira alegria e o verdadeiro sucesso.

Continue a crescer

Mas há, também, outro fator envolvido no sucesso – o fato de que todos nós precisamos continuar crescendo. Você jamais fica parado na vida; nunca permanece em um ponto só. Ou está subindo ou descendo. Se não estiver subindo, então é óbvio que está descendo em vários aspectos de sua vida. As pessoas precisam continuar crescendo. Precisam continuar aprendendo. E, conforme vou falar mais adiante neste livro, sua criatividade depende de estar sempre adquirindo informação nova, porque ela torna ainda mais úteis o conhecimento e a informação já adquiridos.

A CRIATIVIDADE DEPENDE DE ESTAR SEMPRE
ADQUIRINDO INFORMAÇÃO NOVA,
PORQUE ELA TORNA AINDA MAIS ÚTEIS O
CONHECIMENTO E A INFORMAÇÃO JÁ ADQUIRIDOS.

O resultado de tudo isso é que você irá acrescentar bastante alegria à vida de outras pessoas. Não existe nada igual à alegria, que supera bastante a felicidade, já que esta muitas vezes depende de acontecimentos, enquanto é possível sentir alegria apesar de ter alguma infelicidade na vida. A visão privilegiada pode surgir em uma cela ou dentro de uma baleia, porque, na realidade, essa perspectiva se refere ao espírito e à atitude – e não a qualquer localização física. Historicamente falando, nós sabemos que todos os grandes líderes surgem na adversidade, todas as pessoas totalmente bem-sucedidas surgem na adversidade, ocasião em que elas mergulham no vale para emergir com sabedoria.

Como diz meu amigo e mentor, é quando estamos no vale que plantamos a comida que vamos comer no topo da montanha. Pense nisto um instante: *é impossível escalar uma montanha lisa*. Há uma enorme verdade nessa afirmação. É preciso ter pontos de apoio para o pé, é preciso ter variedade no caminho para orientar a empreitada; quando você dispõe desses elementos, isso lhe dá uma visão melhor e a visão privilegiada que o levará ao topo da montanha.

Já estive no topo da montanha, não apenas no sentido figurado, mas literalmente. Já voei no Concorde a 18 mil metros de altura. E dali se pode ver, literalmente, a curvatura terrestre. Eu estava na África do Sul, em Cape Point, com meu filho, e a vista dali era simplesmente magnífica. Olhamos para a esquerda e vimos o verde do Oceano Índico. Olhamos para a direita e vimos o azul do Oceano Atlântico. Olhamos para a frente e vimos onde esses dois oceanos se encontram, e isso nos proporcionou as visões mais belas e inimagináveis da obra de Deus neste universo. Em seguida, de novo à esquerda, vimos as montanhas. Vimos tantas coisas lindas.

A visão privilegiada, contudo, pode ser obtida em qualquer lugar onde você esteja, se tiver a atitude certa, se seu objetivo na vida for correto, se você estiver genuinamente interessado em fazer uma diferença significativa na vida dos outros.

Procure a área do gol

A vista do topo é uma posição singular em que você se encontra. Se você parar para pensar, sua importância aparece quando você joga em equipe. Um dos meus exemplos prediletos é o do ano em que o Green Bay e o Denver estavam no Super Bowl. O Denver venceu, mas o interessante é que, no início da temporada de futebol da Liga Nacional, constavam 1.580 jogadores no dia da abertura. Quarenta e quatro desses jogadores eram da Notre Dame, e trinta e seis da Penn State. Agora, tenha em mente que existem centenas de universidades que jogam futebol americano. E, no entanto, se você fizer os cálculos, mais de 5% dos jogadores vinham somente de duas universidades. Por que e como isso aconteceu?

Bem, o interessante é que essas são as duas maiores universidades que não põem o nome dos jogadores em suas camisas. Qual a importância disso? Se você pensar bem, é muito simples. No futebol americano, o atacante, o recebedor e o corredor são alvos de toda a atenção e de todo o mérito. Mas qualquer técnico que tenha o mínimo de valor lhe dirá que a chave da vitória são os atacantes, assim como a defesa, o meio de campo e os jogadores do centro. Em outras palavras, é a ofensiva dos onze no ataque e dos onze na defesa que faz um time ter muitas vitórias no futebol americano, por jogar em equipe.

SIM, OS INDIVÍDUOS É QUE FAZEM GOLS, MAS QUEM VENCE AS PARTIDAS É O TIME.

Então, a ausência dos nomes dos jogadores nas camisas quer dizer simplesmente que a atenção fica concentrada no número que eles levam nas costas, e, com isso, todo jogador recebe o reconhecimento que de fato merece. Aliás, o time da Penn State sempre teve uma regra muito simples. Quando o *time* marca um gol, o indivíduo que está com a bola e atravessa a linha de fundo deve devolver a bola para o auxiliar da partida, voltar para o amontoado dos companheiros e dizer: "Obrigado, caras, vocês todos fizeram o seu trabalho". É o *time* que vence.

Sim, os indivíduos é que fazem gols, mas quem vence as partidas é o time. Quando você é um elemento produtivo de uma equipe, reconhecer a importância e o valor de todos os demais permite que você não apenas tenha uma boa convivência, mas também que possa fruir bastante a visão privilegiada de fazer parte da equipe vencedora.

A visão privilegiada é dada às pessoas que fizeram coisas que importam. Porém, isso não significa, necessariamente, que ela seja produto de uma posição empresarial. Por exemplo, não tenho certeza se Madre Teresa de Calcutá teria se dado bem em Wall Street, mas sei que ela fez algo admirável. Muita gente confunde sucesso com fama. Madonna teve fama. Madre Teresa teve sucesso. A visão privilegiada permite que as pessoas desfrutem da experiência do verdadeiro sucesso, que faz diferença não só nas suas próprias vidas, mas na vida de muitas outras pessoas.

Aquilo que o dinheiro compra

Quem passa muito tempo vendo televisão, lendo jornais ou acompanhando as colunas sociais, fica com a ideia de que as pessoas de sucesso são aquelas que adquirem um grande reconhecimento. Elas leem que algum bilionário doou um milhão de dólares a alguma iniciativa caridosa e que isso é maravilhoso. Mas encaram o sucesso desses indivíduos como consequência de suas conquistas financeiras. Vou compartilhar com você uma informação que vai, creio eu, abrir seus olhos.

Em 1923, reuniram-se no Edgewater Beach Hotel, em Chicago, algumas das pessoas mais influentes e poderosas do mundo naquela época. O grupo incluía, por exemplo, o presidente da maior produtora independente de aço, o presidente da maior empresa de serviços públicos, o presidente da maior companhia de gás, o presidente da Bolsa de Valores de Nova York, um ministro de Estado, o maior especulador de Wall Street, o presidente do maior monopólio do mundo e também o presidente do Banco de Compensações Internacionais. Esses homens eram certamente muito bem-sucedidos. Tinham um vasto reconhecimento, além de dinheiro e poder de sobra.

Mas vamos olhar para o que aconteceu com eles conforme passaram-se os anos. Um deles ficou louco. Dois acabaram sem um tostão no fim da vida. Três se suicidaram e dois passaram uma temporada na cadeia. Agora, eu pergunto: esses homens tinham uma vida bem-sucedida ou apenas sucesso financeiro? Do meu ponto de vista, eu não trocaria de posição com nenhum deles. E aposto que você também não.

A importância da visão privilegiada está no fato de que ela te permite encarar a vida de um ângulo diferente. Mais adiante, discutiremos a situação de pessoas que ganharam muito dinheiro e tiveram muita influência, mas ao longo de uma vida equilibrada. São esses os bem-sucedidos. São esses os que têm uma vista do topo.

O caráter importa

Desde muito pequeno, fui considerado uma espécie de rebelde. Com isso, quero dizer simplesmente que não jogava o jogo como todo mundo achava que ele devia ser jogado. Quando era menino, me metia em uma porção de brigas porque não aguentava ver alguém importunar, agredir ou se aproveitar de uma criança menor. E, muitas vezes, embora aparentemente não fosse da minha conta, me envolvi defendendo a criança menor ou mais fraca. Isso era um sinal de rebeldia. Na verdade, para ser sincero, confesso que eu gostava de uma briga.

Ao longo da vida, falei bastante sobre o caráter. Nos últimos dez anos, apareceu muita gente dizendo que o caráter na verdade não contava. Saber fazer bem o seu trabalho era a única questão importante para a maioria das pessoas. Porém, um problema de caráter importa quando você trabalha em casa, no seu emprego, na sociedade. Um bom caráter reflete seus valores na vida, que o tornarão um bom marido e pai, ou uma boa mãe e esposa. São esses os mesmos valores que serão um bom arrimo para você no mundo empresarial, no trabalho, sendo você o seu próprio patrão ou trabalhando para uma grande organização.

A verdade é que todos os grandes fracassos são virtualmente defeitos de caráter. Basta ler o jornal de hoje ou de amanhã para ver exatamente o que estou falando. *Confiança, caráter, equilíbrio na vida – se você os tiver, eles permitirão que você tenha uma visão privilegiada.* E, como eu digo, você vai gostar da vista.

2

TUDO GIRA EM TORNO DO EQUILÍBRIO

Você tem uma visão privilegiada quando está seguro de ser quem é, está em paz com Deus e está em comunhão com os demais.

Como conseguir tudo isso? Existe uma receita. Comece com a atitude certa, adquira capacidades específicas e siga a filosofia da Regra de Ouro. Coloque tudo isso como fundamento de seu caráter. O resultado será um bom e legítimo ponto de partida para o sucesso total.

Você contrataria deliberadamente o contador ou contadora, o tesoureiro ou tesoureira, que confessassem ser "relativamente honestos"? Na minha opinião, certo é certo, errado é errado. Minha esposa e eu vamos comemorar em breve cinquenta e cinco anos de casados. E saiba que, durante todos esses anos, ela nunca olhou para mim e perguntou, quando eu chegava em casa: "Meu amor, me diga a verdade. Você foi relativamente fiel durante o tempo em que esteve fora?". Repito: certo é certo; errado é errado.

A atitude importa

O caráter realmente importa – e sua atitude obviamente também conta. O que é atitude? Por exemplo, como você *reage* à vida quando acontece algo ruim? Você bate o pé, ruge e grita ou efetivamente responde? *Responder com compreensão é positivo.* Por exemplo, quando você fica doente e consulta uma médica, ela lhe prescreve uma receita e diz: "Tome isto e volte aqui amanhã". Você chega no dia seguinte, ela olha para você, sorri e comemora: "Ei, está funcionando! Seu corpo está efetivamente *respondendo* ao tratamento". Porém, se você diz que não melhorou nada, e que na verdade se sente pior, então a médica saberá que seu corpo não está de fato *reagindo* ao medicamento. Responder faz toda a diferença entre aqueles que fazem grandes coisas e os que fazem coisas não tão grandes.

Vou lhe contar algo sobre trezentos líderes mundiais. Falo de gente como Mahatma Gandhi, Martin Luther King Jr., Franklin Roosevelt... gente como Winston Churchill, Clara Barton, Helen Keller e Madre Teresa. Setenta e cinco por cento desses líderes mundiais nasceram na pobreza, sofreram abusos na infância ou tiveram alguma deficiência física. A despeito das dificuldades que enfrentaram na infância, eles compreenderam que não é o que acontece *com você* que importa; o que faz diferença é a maneira como você *lida* com o que aconteceu com você. A atitude de responder com compreensão em vez de simplesmente reagir faz uma grande diferença na sua vida. *A boa notícia é simplesmente esta: você pode controlar sua atitude.*

A BOA NOTÍCIA É SIMPLESMENTE ESTA: VOCÊ PODE CONTROLAR SUA ATITUDE.

Quando eu estava no sétimo ano, tentei entrar na equipe de boxe. Já que eu havia sido um "gladiador na hora do recreio", achava que iria me dar bem. Fui escolhido para lutar com Joe, um garotinho de 32 quilos. Eu tinha 41, por isso tive um pouco de pena do sujeitinho. Ora, aquela compaixão que senti durou uns quatro ou cinco segundos do primeiro assalto, talvez seis. Eu esquecera que Joe fazia parte da equipe de boxe havia dois anos, enquanto eu apenas participava do festival de pancadas no pátio. Descobri logo que existia uma grande diferença.

Joe devia ser muito bom em matemática, porque descobriu que a distância mais curta entre sua luva e o meu nariz era um *jab* curto de esquerda. Ele com certeza me achou lerdo para aprender, porque fez isso de novo, de novo e de novo. O treinador interrompeu o massacre, me puxou de lado e começou a me ensinar os rudimentos do boxe.

No fim de duas semanas, por causa da vantagem dos dez quilos e da habilidade que aprendera, eu já era capaz de me defender. Aprendi com essa experiência que *o pensamento positivo não o leva a fazer qualquer coisa, mas o leva a fazer tudo melhor do que o pensamento negativo o levaria a fazer*. E, quando acrescenta habilidade ao pensamento positivo, você dá um enorme passo à frente.

A atitude pode mudar seu modo de ver as coisas. Você já passou por um *daqueles* dias? Aqueles dias em que tudo que poderia dar errado deu errado? Felizmente, o dia acaba e você vai para casa. Você entra e sua esposa o recebe com bastante entusiasmo. "Não vejo a hora de começarmos a faxina na garagem!", diz ela.

Você responde: "Ah, não... Não é hoje, é? Estou totalmente sem energia, querida". Ela suplica: "Só vai demorar umas três ou quatro horas. Podemos acabar rápido. Te encontro lá".

Mais ou menos nessa hora, toca o telefone e, com sua última reserva de força, você se arrasta até ele e pega o fone com ambas as mãos. A voz do outro lado diz: "Oi, amigo! Consegui arranjar pra gente um horário no campo de golfe daqui a quinze minutos. Consegue chegar aqui?". Você responde: "Se eu consigo? Estarei aí em dez minutos!". Vou fazer uma pergunta ridícula: e se você tivesse a mesma atitude que tem para jogar golfe diante da faxina na garagem? Se você tivesse a mesma atitude positiva que tem diante das tarefas de que gosta quando estiver de frente para aquelas de que não gosta, como isso mudaria sua vida? O que isso ajudaria na sua carreira? No seu casamento? Como afetaria cada aspecto da sua vida? Quando conseguimos desenvolver uma atitude positiva, podemos realizar realmente muita coisa.

As palavras certas

Charles Osgood, o mercador de palavras da CBS, diz que a imagem, comparada à palavra, é uma coisa lamentável. Na verdade, as palavras jogam você para cima ou para baixo. Uma garotinha exprimiu isso melhor do que ninguém: "Paus e pedras podem quebrar meus ossos, mas as palavras podem quebrar meu coração". As palavras que Churchill[*] usava são responsáveis pela

---

[*] Winston Churchill foi o primeiro-ministro do Reino Unido durante a Segunda Guerra Mundial e ficou mundialmente conhecido por sua excelente retórica ao discursar contra o avanço do exército nazista. [N. E.]

liberdade de que gozamos hoje – palavras que exigiam liberdade. Quero frisar que devemos usar sempre as palavras certas.

Quando você tem o caráter por base e a atitude certa diante da vida e busca um desempenho consistente, é importante saber que é o caráter que o tira da cama, o empenho que o leva a agir, e a fé, a esperança, a discrição e a disciplina que permitem que você prossiga até o fim.

Como se forma o caráter? Ele pode ser ensinado. Tive o privilégio de trabalhar no Conselho Federal dos Escoteiros da América durante cinco anos. Lembro muitas vezes que, nas noites de quinta-feira, eu me levantava e dizia: "Dou minha palavra de *honra*" – bela palavra – "de que farei o máximo para cumprir meu dever para com Deus e o meu país, obedecer às leis do escotismo, sempre ajudar os outros, me manter sempre fisicamente forte, com a mente alerta, e moralmente no caminho certo". Isso é uma conversa consigo mesmo, uma fala sobre o caráter. A lei do escotismo manda que o escoteiro seja confiável, leal, prestativo, cortês, bom, obediente, alegre, simples, corajoso, reverente e limpo. O lema do escoteiro é: sempre alerta! A meta do escoteiro é: pratique uma boa ação todo dia! Bem, quais são os benefícios de todas essas palavras que formam o caráter? Vamos ver alguns dos benefícios que a garotada colhe depois de entrar para o escotismo.

Noventa e oito por cento deles completam o Ensino Médio, de acordo com a pesquisa da Harris Interactive – empresa que pesquisa e analisa os sentimentos, comportamentos e motivações dos adultos americanos desde 1995. Quarenta por cento obtêm um diploma universitário, em comparação com 16% da população em geral. Trinta e três por cento ganham cinquenta mil dólares por ano ou mais, comparado a 17% dos que não praticam o escotismo. Falei com um juiz, anos atrás, que me disse: "Zig, eu jamais encontrei no tribunal qualquer jovem que tivesse sido escoteiro por mais de um ano sendo acusado de algum crime ou má conduta. Nenhum mesmo".

Será o caráter uma qualidade que faz diferença na vida? Acredito com todo meu coração que sim, esses traços importam, e importam muito. Noventa e quatro por cento desses garotos disseram que o que aprenderam no escotismo influenciou seus valores pelo resto da vida.

NÃO EXISTE CULPA SE HÁ INTEGRIDADE,
E NÃO HÁ NADA A TEMER,
PORQUE VOCÊ NÃO TEM NADA A ESCONDER.

O que todo mundo quer? Ser mais feliz, ter mais saúde, prosperidade razoável, segurança. Ter amigos, paz de espírito, boas relações familiares, esperança de que o futuro seja melhor, amar e ser amado. Agora, para obter tudo isso, você precisa dar *tudo* de si. Precisa ser o tipo de pessoa correta. Precisa fazer a coisa certa para obter tudo o que a vida oferece.

Com a vida embasada no caráter e na integridade, você faz a coisa direito. Não existe culpa quando há integridade, e não há nada a temer, porque você não tem nada a esconder. Depois de tirar das costas o peso do medo e da culpa, você está livre para ser o que tem de melhor, e ser bom no trabalho e em família. Se você for gozar de tudo o que a vida lhe oferece agora, precisa ficar atento não só às questões financeiras, mas também aos aspectos físicos, mentais e espirituais.

É verdade que há pessoas sem caráter e integridade que têm carros, casas, férias, mas gente boa *com* caráter e integridade pode ter muitas coisas mais. Pode ter tudo que o dinheiro pode comprar, *mais* tudo que o dinheiro não pode comprar.

Avalie-se

Agora, você precisa avaliar em que ponto se encontra no momento. É importante saber onde você se situa, porque essa é a maneira mais segura e eficaz de determinar aonde quer chegar e como vai chegar lá. Enquanto elaboro esse pequeno processo, quero que você mesmo se avalie.

Muitos anos atrás, Steve apareceu no meu escritório. Lá estava ele porque um amigo seu o havia colocado em um avião procedente de Toronto, no Canadá, porque Steve seguia modelos errados de conduta, o ídolo errado. Ele seguia um sujeito que considerava o mais bem-sucedido que já conhecera. Steve saía de casa todo dia às seis da manhã e só voltava entre dez e onze da noite, seis dias por semana. No domingo, estava tão exausto que dormia o dia inteiro e não participava em nada da vida em família. Ele havia perdido o controle na estrada duas ou três vezes, pois passava muito tempo dirigindo durante seu percurso diário de trinta a cinquenta quilômetros. Tudo estava desmoronando, e a esposa o ameaçava com o divórcio.

É IMPORTANTE SABER SE SITUAR, PORQUE É A MANEIRA
MAIS CERTA E EFICAZ DE DETERMINAR
AONDE VOCÊ QUER CHEGAR E COMO CHEGAR LÁ.

Eu tinha sido avisado de tudo com antecedência e por isso disse a Steve: "Eu compreendo, você tem um herói e o herói é o seu patrão, que você considera um sujeito bem-sucedido. Como você define o sucesso?".

Ele pensou por alguns minutos, mas respondeu finalmente: "Bem, acho que sucesso é quando você está feliz e saudável... tem amigos, paz de espírito, boas relações familiares e espera que, no futuro, as coisas fiquem ainda melhores".

Eu respondi: "Está bem, mas agora vamos fazer uma coisa que a maioria das pessoas não faz: avaliar a si mesmo". Muita gente não faz isso, com medo de descobrir algo que desaprove. Mas precisamos encarar a realidade. Então, leitor, enquanto repasso a você a conversa que tive com Steve, eu o desafio a se avaliar à medida que avançamos.

Eu disse a Steve: "Vamos avaliar seu patrão segundo as coisas que você diz serem a marca do sucesso: felicidade, boa saúde, amizades, paz de espírito, boas relações familiares e a esperança de um futuro melhor".

E perguntei a ele:

– Você acha que o seu patrão é feliz?

– Na verdade, não. Eu nunca o ouvi dar uma risada e ele raramente sorri. E tem úlcera.

– Bem, Steve, me parece que o seu patrão não é feliz nem saudável, e, se ele tem úlcera, não deve ter paz de espírito.

Dizem que loucura é a crença de que você pode continuar fazendo a mesma coisa, mas acreditando que pode obter resultados diferentes. Só que isso não vai acontecer!

Eu perguntei:

– Steve, até que ponto o seu patrão é próspero?

Ele respondeu:

– Cara, ele está nadando em dinheiro.

– Ele tem segurança?

– Toda a segurança que o dinheiro pode dar.

Steve estava igualando a segurança na vida à quantidade de dinheiro que alguém tem no banco e à posição profissional de que desfruta no mundo empresarial. Eu lhe contei sobre os irmãos bilionários de Dallas que faliram, um industrial que valia meio bilhão e um ex-governador que valia cem milhões – e todos eles quebraram.

Em seguida perguntei a Steve quantos amigos tinha o seu patrão. Ele disse:

– Na verdade, acho que não tem nenhum. Eu não sou amigo dele. Eu o admiro porque ele é muito bem-sucedido. Mas, para falar a verdade, o cara é meio babaca.

Então perguntei:

– Me fale sobre a família dele.

– Bem, a mulher dele pediu o divórcio.

– E quanta fé no futuro tem o seu patrão?

– Hum, antes de conversar com você eu achava que tinha muita, mas agora acho que não tem nenhuma fé *de verdade*.

– Steve, deixe-me fazer uma pergunta: você trocaria de lugar com o seu patrão agora?

– Não.

Agora, lhe faço a mesma pergunta, leitor. Você trocaria de lugar com o patrão de Steve?

A resposta seria uma negativa firme, não seria?

Três ou quatro anos depois, eu estava dando uma palestra em Baltimore, Maryland, quando um jovem se aproximou de mim e perguntou: "Lembra de mim?". Apesar de minha memória ser brilhante, ela é terrivelmente restrita. Então eu respondi: "Desculpe, não lembro".

Ele disse: "Sou Steve, de Toronto, e segui seu conselho, o de que não precisava trabalhar setenta ou oitenta horas por semana para ter sucesso. Aliás, quando consegui *equilibrar* minha vida, fiquei mais produtivo, mais criativo, capaz de fazer mais coisas. Segui seu conselho e arranjei um emprego com um horário bem mais flexível e salário melhor. Consegui voltar a amar minha mulher e minha família, e queria lhe mostrar que tive um *crescimento* verdadeiro". Não carrego muitas fotos na carteira, mas tenho uma de Steve e sua família... e do pequeno acréscimo que ela ganhou depois do nosso encontro.

> QUANDO CONSEGUI EQUILIBRAR MINHA VIDA,
> FIQUEI MAIS PRODUTIVO, MAIS CRIATIVO,
> CAPAZ DE FAZER MAIS COISAS.

Não sou palestrante, coach ou editor. Meu negócio é mudar vidas. Por que Steve se tornou capaz de fazer muito mais? Há algo que acontece quando você compreende os elementos realmente básicos da vida – *os valores da vida,* as qualidades que o fazem ser um bom pai e marido, ou uma boa esposa e mãe. As qualidades que o engrandecem em casa são também as qualidades que são tão importantes no trabalho. Depois que você adquire essas qualidades, elas trazem equilíbrio à sua vida. Foi o que Steve fez.

Tudo começa com você

Na verdade, tudo começa com você. É sua responsabilidade pessoal. Sua vida pessoal afeta sua vida familiar, que afeta sua vida no trabalho, que o afeta fisicamente, que o afeta mentalmente, que o afeta espiritualmente, que o afeta financeiramente, o que afeta a sua personalidade.

Você pode pegar duas dessas coisas quaisquer, que elas afetarão uma à outra. Sua vida familiar afeta sua vida espiritual. Sua vida física afeta sua vida financeira. A pessoal afeta a mental. Tudo afeta todo o resto; quando você reúne isso tudo, cria sinergia.

Por que isso tudo me deixa tão animado? Porque, quando saí de casa hoje, a última coisa que me aconteceu foi receber um enorme abraço da minha esposa. Ela me abraçou duas vezes, dizendo "eu te amo". Não preciso me preocupar com o que acontece quando estou ausente. Não preciso me preocupar com o toque do telefone à noite. Não preciso me preocupar com alguém que entra e diz: "Sou representante do governo". Não precisamos nos preocupar com essas coisas. Por quê? Porque, quando você faz as coisas do jeito certo, a sinergia funciona em toda a extensão de sua vida. Ter isso tudo? Sim, você pode.

Isso inclui segurança no trabalho em um mundo em que não há essa segurança. Não só podemos ter segurança em um mundo sem segurança como podemos *subir* nesse mundo do emprego, que está em queda. Espero que até agora você esteja gostando de sua visão privilegiada.

NÃO SOU PALESTRANTE, COACH OU EDITOR.
MEU NEGÓCIO É MUDAR VIDAS.

3

DO SUCESSO À RELEVÂNCIA

Hoje, muita gente na nossa sociedade acredita que devemos separar os vários aspectos de nossa vida, por exemplo, a vida pessoal da vida profissional. Essas pessoas acreditam que devemos ter "compartimentos". Vamos falar sobre isso, porque é muito importante. Primeiro, eu não acredito que devemos ou podemos compartimentar nossa vida, se quisermos desfrutar do sucesso total.

Acredito com firmeza no *foco*. Esse é um dos motivos pelos quais a *integridade* e o *caráter* desempenham um papel tão importante nas coisas que você faz. Com integridade você faz a coisa certa. E, quando você faz a coisa certa, não sente culpa. Com integridade você não tem nada a temer, porque não tem nada a esconder. Agora, pense só: quando você se livra do medo e da culpa, consegue fazer muito mais coisas.

Se percebemos que vivemos com integridade nossa vida em família, e levamos essa integridade para o mundo dos negócios, então, quando estamos em casa, podemos nos concentrar no que fazemos em casa. E, quando estamos no trabalho, podemos nos concentrar no que fazemos no trabalho. Nós comprovamos que nosso fundamento é absolutamente sólido. Não precisamos nos preocupar com o que acontece em outro lugar. Como resultado de *não* termos compartimentado nossa vida, somos capazes de focar o que quer que estejamos fazendo e de ser mais bem-sucedidos. Temos mais paz de espírito, mais amigos, melhores relações familiares, melhores relações profissionais, e relacionamentos mais estáveis com os colegas de trabalho. Tornamo-nos companheiros de time, torcedores e encorajadores um do outro, e, na verdade, tudo isso incrementa nosso desempenho profissional. Tudo isso leva a uma vida equilibrada.

Sucesso como relevância

Eu defino o sucesso como relevância. Como alcançar o primeiro e o traduzir na segunda? Primeiro, *o sucesso é a maximização dos dons e do potencial que você tem.* Quando você maximiza seus dons e potencial, consegue alcançar objetivos valiosos e usufruir de algumas das coisas que o dinheiro pode comprar, além de *todas* as coisas que o dinheiro não compra.

O sucesso surge em diversas cores, de várias formas e em várias vidas diferentes. O indivíduo que tem o mínimo de habilidade e é capaz de se sustentar de modo honesto é, eu acredito, alguém de sucesso. Descobriu-se que as pessoas de baixa renda são as que doam mais à caridade. Elas reconhecem que existem outros que possuem ainda menos do que elas.

O SUCESSO É A MAXIMIZAÇÃO DOS DONS
E DO POTENCIAL QUE VOCÊ TEM.

Eu creio que essas pessoas passam a ser *relevantes* quando dão esse passo, e sua alegria provém da ajuda aos outros. É a Regra de Ouro funcionando. A relevância comporta uma dimensão espiritual, e a dimensão espiritual sempre envolve o cuidado e a preocupação com o outro. Quando olhamos para o estilo de vida da sociedade atual, com todos os conflitos que temos, percebemos que o mundo se tornou um "tudo para mim e você que se dane; vou fazer do jeito que eu quiser". Acabei de descrever alguém que é autocentrado, egoísta, sem consideração com o outro – e você jamais encontrará alguém assim que seja verdadeiramente feliz.

Os pais precisam ensinar cedo às crianças os valores da vida e as qualidades da honradez para formar seu caráter básico. Praticar uma boa ação todo dia geralmente significa fazer algo de bom para alguém.

Karl Menninger, da Clínica Menninger, disse que, se você está com um problema, precisa achar alguém com um problema ainda maior, dedicar-se a ajudar essa pessoa a resolvê-lo e zás-trás: *seu* problema vai sumir. Será resolvido. Um artigo na *Psychology Today* afirma que as pessoas que exercem atividades comunitárias – que se oferecem voluntariamente para alimentar os sem-teto e fazem outras coisas para ajudar os outros – são curiosamente mais bem-sucedidas nos negócios e na vida, porque ficam energizadas – fisiologicamente energizadas – quando fazem algo pelos demais. No ato de fazer alguma coisa pelo outro, esses indivíduos se sentem tão bem consigo mesmos que, como resultado, seu nível de energia sobe e daí resulta uma capacidade bem maior de agir em relação a suas vidas pessoais e profissionais, além da vida familiar.

A RELEVÂNCIA COMPORTA UMA DIMENSÃO ESPIRITUAL, E A DIMENSÃO ESPIRITUAL SEMPRE ENVOLVE O CUIDADO E A PREOCUPAÇÃO COM O OUTRO.

Uma das coisas interessantes sobre o Alcoólicos Anônimos é que você muitas vezes encontra um faxineiro aconselhando o presidente de uma empresa. O faxineiro venceu o problema do álcool – e o presidente da empresa, não. Invariavelmente, acontece algum efeito espiritual ao indivíduo que fica acordado a noite inteira ajudando. Embora fosse de se esperar que quem ajuda ficasse exausto no dia seguinte, na maioria dos casos essa pessoa fica totalmente energizada e até mais produtiva – mesmo depois de ter passado a noite em claro. Acontece algo com as pessoas quando elas fazem alguma coisa verdadeiramente importante para a vida do outro.

A véspera das férias

Em regra, as pessoas trabalham o dobro na véspera das férias. Por quê? Bem, se pudermos compreender o motivo e imitar esse processo todo dia, sem trabalhar mais tempo ou com mais dedicação, não seremos mais úteis para nós mesmos, nossos empregos, nossas famílias e nossas comunidades?

Na véspera das férias, a maioria pega seu notebook ou uma folha de papel e anota o que precisa fazer – define suas metas. Se for o caso, você organiza a lista por ordem de importância. Em seguida, assume a responsabilidade e se compromete a cumprir tudo que está na lista. Muita gente fica tão comprometida que parece um piloto kamikaze na sua trigésima nona missão!

Mas você é diferente: você se preocupa com quem não está saindo de férias; você é um empregado responsável. É evidente que você trabalha com integridade. Você deseja fazer o que é certo. Você trabalha de forma mais inteligente e não simplesmente trabalha mais. Você é otimista e aposta que pode terminar suas tarefas. Já participou de algum jogo organizado, um esporte de equipe?

Quando você sabe que o treinador tem um bom plano de jogo, algo acontece com seu pensamento. Você sabe o que fazer e fica otimista.

Na véspera das férias, você foi pontual e começou logo a atacar sua lista. Não ficou ali pensando o que fazer em seguida. Mostrou entusiasmo pelo que fazia, estava altamente motivado. Passava decidido de uma etapa para a etapa seguinte, de uma tarefa para outra.

Já notou que, de modo geral, quando você age com determinação, seguindo seu plano de jogo, as pessoas abrem espaço e o deixam passar? Elas não atrapalham você com conversa fiada, nem ficam fofocando sobre o que está acontecendo nos bastidores da empresa. Aliás, na minha opinião, a culpa maior é de quem ouve a fofoca e não de quem espalha: se não houver quem ouça, não haverá conversa.

Se você ainda não percebeu pelo que falei sobre a "véspera das férias", vai ficar espantado com o tempo que você poupa e o quanto produz. Três minutos aqui, quatro minutos ali, e no fim do dia eu garanto que, só por ter agido com determinação, você terá poupado uma hora. Se você trabalhar assim diariamente, contando uma hora por dia, isso dá cinco horas por semana, o que soma 250 horas por ano, o que significa que você fez o trabalho render mais de seis semanas! E muito mais do que isso, porque, na verdade, você também não desperdiçou o tempo da pessoa que queria fazer fofoca.

Determinação e pensamento positivo

A determinação também é um sinal de liderança. Você pega a informação, decide e avança a toda velocidade. Se concentra no que está à mão e se disciplina para agir de modo correto, até concluir a tarefa. A disciplina é algo que infelizmente está faltando na vida da maioria das pessoas. Depois de tomar impulso, surge logo uma forte atitude positiva. Fico meio aborrecido com gente que diz: "Com pensamento positivo é possível fazer praticamente tudo!". Apesar de eu ser uma pessoa muito positiva, essa afirmação absolutamente não é verdade. E o que vem a seguir confirma isso.

A DETERMINAÇÃO TAMBÉM É UM SINAL DE LIDERANÇA.

Eu adoro jogar golfe. E jogo muito bem. Marquei um número de pontos igual aos anos de minha idade há cerca de quatro meses, e tenho setenta e quatro anos. E uma notícia ainda melhor: não precisei de treze buracos para fazê-lo. Sei que posso jogar melhor, mas nunca joguei. Eu me divirto jogando golfe, mas não há perigo de me converter ao profissionalismo. Então, tenho uma *boa* atitude, mas me falta habilidade para me aprimorar. Minha atitude, quando entrei no ringue junto com Joe, quando eu era menino, foi boa. Eu sabia que ia bater naquele garoto de menos de trinta quilos. Mas me faltava habilidade para me aprimorar. Aprendi a técnica do boxe. Há anos tento adquirir a técnica do golfe, mas isso não aconteceu. No entanto, minha atitude positiva me faz acreditar que meu próximo jogo será o máximo.

O pensamento positivo é importante demais. Foi o que você utilizou na "véspera das férias". *O pensamento positivo não lhe permite fazer coisa alguma, mas lhe permite fazer melhor todas as coisas.* Pensar positivo permite que você utilize o conhecimento que adquiriu, a experiência que obteve, o aprendizado que possui, tudo que você já sabe. Isso é incrível! Seu desempenho, sua competência e confiança aumentam e você se torna alguém que sempre supera o que esperam de você. Há sempre uma demanda no mercado por indivíduos assim. Você é um jogador de equipe.

Você é um encorajador.

As pessoas olham para o seu exemplo, que estimula instintivamente, e, sem que percebam, a produtividade delas aumenta. Elas agem um pouco mais rápido, com um pouco mais de determinação, com menos atraso. Não só a produtividade delas aumentará dramaticamente, como a empresa inteira aumentará em dois, três, cinco por cento a qualidade do que faz, e tudo isso se reflete no lucro. A administração vai perceber. E pense na segurança do emprego. Todo mundo vai querer ter você por perto.

Com uma atitude positiva e determinação a impulsioná-lo, no fim do dia o nível da sua energia estará lá em cima, fora do normal. No caminho para casa você estará falando consigo mesmo: "Cara, eu me diverti hoje. Não vejo a hora de chegar em casa e contar para minha família. Aliás, acho que vamos arrumar as coisas esta noite mesmo e sair logo de férias. Para que esperar até amanhã?". Você sabe exatamente do que estou falando, não sabe?

COM UMA ATITUDE POSITIVA E DETERMINAÇÃO A IMPULSIONÁ-LO, NO FIM DO DIA O NÍVEL DA SUA ENERGIA ESTARÁ LÁ EM CIMA, FORA DO NORMAL.

Quando é que você fica mais exausto no fim do dia? Quando tenta enganar o patrão o dia inteiro. Ou, se o patrão for você, quando tenta enganar os funcionários o dia inteiro. Experimente, ainda, não fazer nada o dia inteiro – esse será um dos dias mais exaustivos que você terá. Porém, quando você estiver engajado em uma missão e determinado a completar sua lista de tarefas, adiantando-se a cada hora que passa, não só o seu valor próprio aumenta como também a autoestima em geral. A esperança amadurece ao máximo, porque você está usando o tempo inteiro uma *sabedoria* total em relação a cada tarefa.

Conhecimento e sabedoria

É óbvio que podemos obter informação e conhecimento dos jornais, revistas, bons livros e enciclopédias – mas a sabedoria é um dom divino. E você usa a sabedoria nesta jornada para chegar ao topo, porque é o tipo certo de pessoa, que faz as coisas certas para obter tudo que a vida tem para oferecer. Friso este ponto porque não adianta ser assim só por um dia e esperar ter sucesso e relevância.

Note bem que eu não disse uma palavra sobre trabalhar mais. Estou falando da responsabilidade que você aceitou quando arranjou o emprego. Estou falando de trabalhar mais com a cabeça. Estou falando em ser um modelo a ser imitado, estou falando sobre seu futuro. É emocionante constatar que, depois da avaliação que você fez, surge uma paixão quando você vislumbra suas possibilidades. É isso que acontece com você na véspera das férias.

O sucesso é a maximização dos dons e do potencial que você tem.

Por isso, me permita perguntar: já que se organizar e planejar o dia provocou tamanho impacto no seu desempenho, será que, se você fizesse um planejamento todo dia, as coisas boas não continuariam acontecendo?

VEJA A PAIXÃO QUE SURGE QUANDO VOCÊ VISLUMBRA SUAS POSSIBILIDADES. É ISSO QUE ACONTECE COM VOCÊ NA VÉSPERA DAS FÉRIAS.

Segurança no emprego

Se você estiver procurando emprego neste momento, vou lhe contar alguns fatos interessantes. Enquanto escrevo isto, há 132 milhões de americanos empregados, assalariados. Também sabemos que a cada ano 21% mudam de emprego, ou seja, 21% desse pessoal que agora trabalha tinha um emprego diferente no ano anterior. Aliás, alguns deles nem tinham emprego.

Agora, olhemos para isso de modo muito realista. Esses números querem dizer simplesmente que 21% dos 132 milhões – bem mais de 27 milhões de pessoas – hoje trabalham em um emprego que não tinham no ano anterior. Trocando em miúdos, a cada mês mais de um milhão de pessoas conseguem novos empregos. Isso significa que mais de quinhentos mil arranjam novos empregos a cada semana. E que mais de cem mil arranjam um emprego a cada dia. Se você estiver desempregado, é provável que queira arranjar um desses cem mil empregos a serem preenchidos hoje. Quando sair para procurar emprego, vá totalmente seguro, confiante, otimista e entusiasmado, com toda a motivação que conseguir reunir. Vá convicto de que tem habilidades, talento, dedicação, responsabilidade e as qualidades que farão de você um funcionário de valor.

Você talvez não arranje o emprego dos seus sonhos logo na primeira vez que preencher o cadastro. Porém, descobri que é mais fácil arranjar um bom emprego se você estiver atualmente empregado. Não seja tão exigente nem meticuloso a ponto de não pegar um emprego por julgar que ele está abaixo de sua dignidade. Você não precisa pegar um trabalho qualquer, mas pode aceitar um emprego que não seja exatamente o que você buscava, encarando-o como um trampolim para algo melhor. E eis outro fato interessante: a vaga que você despreza agora pode vir a ser o emprego dos seus sonhos.

Outro pequeno registro de dados estatísticos que pode impressionar você é que, entre 1989 e 1995 – sim, eu sei que a economia estava aquecida durante esse período –, foram criados quinze milhões de novos negócios. Sabia que mais da metade foi fundada por mulheres, sem que muitas tivessem o conhecimento, a experiência ou um passado que as qualificasse para abrir seu próprio negócio? Em muitos casos, era uma medida desesperada, já que elas haviam se divorciado ou enviuvado e ficado com os filhos, de modo que precisavam fazer alguma coisa – e foi assim que abriram seus próprios negócios.

Agora, eis o que acho fascinante sobre isso. A maioria dos empregos criados como resultado da abertura de novos negócios era ligada a serviços baseados na *confiança*. As mulheres ofereciam bens ou serviços dizendo: pague agora que eu entregarei o serviço depois. E, de acordo com o que li no *Wall Street Journal,* não há registro de nenhum processo contra essas mulheres por não terem cumprido o que haviam prometido. Em outras palavras, elas eram dignas de confiança. Cumpriam o combinado. E esse é um dos motivos do seu sucesso hoje.

Quando você procura algo e não consegue achar o que procura, e tem uma pequena economia, talvez pense em abrir um negócio próprio. Há muitas entidades, como ligas de pequenos empreendedores, que podem ser úteis. Existem mentores que podem ajudá-lo. O patrão do seu emprego anterior, talvez. Por isso saia todo dia com otimismo, energia e entusiasmo – aceite esse emprego ou comece um novo empreendimento, porque é assim que você acabará valorizando sua visão privilegiada.

SAIA TODO DIA COM OTIMISMO, ENERGIA E ENTUSIASMO – ACEITE ESSE EMPREGO OU ABRA UM NOVO NEGÓCIO, PORQUE É ASSIM QUE VOCÊ ACABARÁ VALORIZANDO SUA VISÃO PRIVILEGIADA.

Converse consigo mesmo

Antes de ir se deitar hoje à noite, pare na frente do espelho e comece a falar sozinho. Diga algo do tipo: "Eu sou o(a) INSIRA AQUI O SEU NOME. Sou uma pessoa honesta. Sou inteligente. Tenho minhas metas (faça uma lista delas, uma por uma) e vou cumprir cada uma delas". Quanto mais você se propuser a cumpri-las, mais acreditará nelas e elas acontecerão. Esse conceito recua até os tempos bíblicos, quando a conversa consigo mesmo foi criada. Não é nada novíssimo na psicologia atual.

Está provado que o que você diz a si mesmo é extraordinariamente importante.

Mas é preciso **ser** *para poder* **fazer**, *e* **fazer** *para poder* **ter**. E possuir cada uma destas qualidades – caráter, integridade, confiança, sabedoria, pensamento positivo, produtividade e determinação – e muitas, muitas qualidades que você já tem. Quando essas qualidades se destacarem, você terá a oportunidade de olhar para a vida de uma perspectiva privilegiada.

4

CRIANDO RELAÇÕES VANTAJOSAS

*Você tem uma visão privilegiada quando
compreende com clareza que o fracasso
é um acontecimento, e não uma pessoa.*

Eu adoro a história de um sujeito que entrou em uma livraria, se aproximou da gerente e perguntou: "A senhora sabe onde posso encontrar o livro *Homem, o sexo superior?*". Ela respondeu: "Pois não. Fica no andar de cima, na seção de ficção científica". Quando compreendemos com clareza que não existe sexo superior, que não existe raça superior, então podemos construir o fundamento das relações vantajosas com todo mundo na vida profissional, na comunidade e neste mundo global em que hoje vivemos.

Deixe-me reduzir essa verdade a um nível muito pessoal. Todas as cinco pessoas que tiveram mais impacto na minha vida foram mulheres. Você realmente acha que essas mulheres teriam um enorme interesse por mim se eu fosse sexista? Três nativos americanos tiveram um enorme impacto na minha vida. Um deles na minha carreira de vendas, um na minha carreira de palestrante e outro na minha caminhada espiritual. Sou cristão hoje porque uma senhora afro-americana passou o fim de semana na nossa casa no dia 4 de julho de 1972.

Meu amigo mais íntimo durante esses últimos 37 anos é judeu. Nosso diretor de operações internacionais é indiano. Minha nora é mexicana. Sou afiliado de uma enorme companhia japonesa cujo diretor é coreano. Meu genro acabou de fazer um transplante de fígado; jamais perguntamos se o doador foi preto, branco, oriental ou qualquer coisa desse tipo. Meu médico me diz que temos todos a mesma cor por dentro.

Estremeço ao pensar como teria sido minha vida se eu fosse racista – teria sido horrível. E, agora, o DNA nos mostra que Adão e Eva começaram de fato tudo isso. Então, aquela pessoa ali ao seu lado é um parente seu – e, já que você vai coexistir com ele durante toda a eternidade, é melhor que se deem bem agora. Como os relacionamentos são um fator que influencia tudo que fazemos, vou compartilhar o que aprendi sobre as relações e seu impacto em todos os aspectos de nossa vida.

Há vinte anos, um estudo de Harvard concluiu que nossos relacionamentos têm mais a ver com nossa saúde do que a comida que comemos, o programa de exercícios que praticamos e até mesmo os genes que herdamos. De modo geral, se você não estiver se dando bem com as pessoas que mais o apreciam, o dinheiro que você tem no banco e sua posição social pouco importam, porque você não estará muito feliz.

Criando relações vantajosas

Quase 100% de todas as terapias são feitas por causa de dificuldades em relacionamentos. Problemas entre marido e mulher, pai e filho, professor e aluno, patrão e empregado etc. Há muitas dificuldades entre as raças também. Pense em todos os problemas que existem simplesmente porque não criamos bons laços. Agora, vamos examinar o que podemos fazer para estabelecer essas relações positivas. Primeiro, precisamos de uma filosofia.

Disse um psicólogo que 80% da terapia familiar que ele oferecia era porque os pais não tinham ensinado boas maneiras aos filhos. Boas maneiras são mais do que saber segurar o garfo e a faca. Elas têm a ver com o modo de se portar, a civilidade, o respeito e a preocupação com as outras pessoas. Os pais que não ensinam, exigem e orientam o filho a dizer "por favor" e, especialmente, "obrigado" quando alguém é simpático, ou algo assim, estão negando à criança os fundamentos da *gratidão, a mais saudável das emoções humanas.* Essa criança vai crescer esperando que o mundo lhe dê o tipo de vida que ela acha que merece. Vai crescer como os amigos dos tempos de vacas gordas, ou seja, estará presente quando *ela* precisar de *você*. Esse filho espera que você faça as coisas por ele e acaba sofrendo por causa disso. Sofre terrivelmente.

Você jamais verá alguém autocentrado e feliz. As pessoas felizes são doadoras. Vamos imaginar um pequeno cenário. A coisa começa na sexta-feira à tarde. O marido esteve fora a semana inteira. Chega à porta da frente às dezoito horas, muito carregado com sua bagagem e pasta. Não quer colocá-las no chão para tocar a campainha, por isso chuta a porta algumas vezes. Em seguida chuta com mais força – *bam, bam, bam.* A esposa vem correndo até a porta, abre-a e o vê em pé ali.

Ele não se mexe, simplesmente olha para a esposa e diz: "Cheguei mais tarde porque fui a uma reunião. Puxa, estou contente por ter participado dessa reunião porque percebi que algumas coisas realmente me incomodam. Descobri que existem certos direitos nesta casa de que não tenho usufruído. Aliás, fiz uma lista deles e a primeira coisa que vamos fazer, minha querida, é sentar e conversar. Vamos estudar a lista porque vão acontecer algumas mudanças por aqui".

Posso imaginá-la respondendo: "Oi, amor, eu não participei de reunião nenhuma. E não fiz lista nenhuma. Aliás, não preciso fazer. Está gravado indelevelmente na minha mente o que precisa ser mudado. Entre e vamos conversar. Concordo que precisamos fazer umas mudanças por aqui – só que você não vai gostar da maioria delas!".

Agora, solte as rédeas de sua imaginação. Não está claro que esse casal teve um final de semana incrível? Você não imagina, mas o fim de semana deles foi idílico e romântico. Você não imagina, mas os dois ficaram tão inspirados por causa do maravilhoso fim de semana juntos que não viam a hora de chegar a segunda-feira para sair porta afora e mudar o mundo – e ajudar a torná-lo um lugar melhor para viver.

Agora, vamos pensar na mesma pessoa, e o cenário é o mesmo – mas com uma atitude diferente e palavras diferentes. O marido chega na entrada sobrecarregado com a mala e a pasta que ele não queria colocar no chão, por isso bate delicadamente com o pé na porta. Sua esposa a abre. O sujeito entra e diz: "Querida, cheguei tarde porque fui a uma reunião e vou ser sempre grato por ter ido. Acabei percebendo que algumas coisas realmente me chateiam. Percebi que não ando correspondendo às suas necessidades de esposa. Antes mesmo de abrir a mala, quero conversar. Quero que você me diga o que eu posso fazer para me tornar o marido com quem você esperava se casar e o que você merece ter".

Posso bem imaginar a resposta dela: "Bem, estou muito contente por ser a sua esposa. Fico pensando de vez em quando se estou correspondendo a todas as *suas* necessidades".

Agora pergunto: que casal, na sua opinião, terá as maiores contribuições individuais a dar para nossa sociedade? Que casal não só será feliz, como terá alegria na vida? Que casal, na sua opinião, vai criar filhos melhores, felizes, mais saudáveis, produtivos e progressistas, bons cidadãos?

A Regra de Ouro

Estou convencido de que você pode obter tudo que quiser da vida se ajudar bastante os outros a obter o que desejam. Nossa responsabilidade é pensar primeiro no outro. A Regra de Ouro continua a funcionar: faça com os outros aquilo que gostaria que os outros fizessem com você. É tão frequente ouvir as pessoas dizerem, ao reclamar da nossa sociedade: por que *eles* não fazem algo? Sim, mas *eles* são *você*. Você nasceu para vencer. Eu digo que vencer é simples, mas nunca que é fácil. Sua atitude com a próxima pessoa que você conhecer fará toda a diferença do mundo para ela.

EU DIGO QUE VENCER É SIMPLES,
MAS NUNCA QUE VENCER É FÁCIL.

Nós identificamos nove coisas que todo mundo quer na vida: (1) ser feliz, (2) ser saudável, (3) ser razoavelmente próspero, (4) ter segurança, (5) ter amigos, (6) ter paz de espírito, (7) manter boas relações familiares, (8) ter esperança em um futuro melhor, (9) amar e ser amado pelos outros. Como fazer as pessoas amarem você? Seja o tipo certo de pessoa. Quando você sai em busca de amigos, eles se mostram difíceis de encontrar. Porém, se você sair buscando ser um amigo, vai encontrá-los por toda parte.

Foi dito que nós afetamos dez mil pessoas direta ou indiretamente ao longo da vida. Já ouvi dizer que nenhum pingo se culpa pela enxurrada. Nenhum floco de neve se culpa pela nevasca – e, contudo, cada um deles foi parte dela. Tenho na parede do meu escritório as fotos de 26 homens e mulheres. Eu as chamo de minha galeria da gratidão. Esses homens e mulheres tiveram um grande impacto na minha vida. Quero que você elabore isso e crie sua própria galeria da gratidão. Ela vai impactar positivamente sua vida.

Faça um retrospecto e se lembre de quem o ajudou. Quem estava lá quando você precisou de alguma ajuda? Que sujeito, mulher, professor, animal de estimação, vizinho, patrão, membro da sua igreja? Pendure fotos como lembrança daqueles que o ajudaram ao longo do caminho.

Bem, há sempre a possibilidade de sua vida não ser exatamente a que você quer neste exato momento, ou se desenrolar em um lugar que você não queira. Mas talvez não seja sua culpa.

Pense neste exemplo hipotético: você andou poupando dinheiro e finalmente tem o suficiente para construir a casa dos seus sonhos. Contratou um arquiteto incrível, uma celebridade mundial, para fazer a planta da casa, e ele fez. Você descobriu o principal construtor de casas de luxo da região. Ele seguiu as instruções dadas pelo arquiteto e usou exatamente todos os materiais indicados, o melhor que havia. A casa foi concluída e ficou incrivelmente bonita. Você se mudou para ela e deu uma grande festa de inauguração, veio todo mundo e disseram que o lugar era maravilhoso.

Aproximadamente seis semanas depois, apareceu uma leve rachadura em uma das paredes. Dois meses depois, você foi olhar e viu que a rachadura tinha crescido. Em seguida, apareceram, quase diariamente, mais rachaduras. A casa começou a se desmantelar em menos de um ano. Finalmente, o órgão que fiscaliza as edificações mandou que a casa fosse abandonada. Agora, eu pergunto: de quem foi a culpa? Foi do arquiteto que desenhou a planta ou do construtor que seguiu a planta à risca? Quem você culparia? O arquiteto? Sem dúvida. Se você ainda não está onde quer, talvez venha dando ouvidos a planos errados, elaborados pela pessoa errada.

Anos atrás, em um programa de TV, a entrevistada era uma estrela de Hollywood. O apresentador perguntou a ela: "Como fazer um casamento dar certo?". Aquela mulher havia se casado tantas vezes que tinha uma marca permanente de aliança no dedo. Não era a pessoa certa para ouvir aquela pergunta. Quantas vezes nos aconselhamos com gente igualmente despreparada? Então, precisamos inventar um plano que nos permita criar relações saudáveis – em bases sólidas. A despeito das qualidades maravilhosas que você possa ter, se não tiver o plano de jogo certo, boas coisas não irão acontecer, apesar dessas qualidades.

Você precisa estar na posição correta e começar a compreender que o *fracasso é um acontecimento, e não uma pessoa*. O dia de ontem realmente acabou à meia-noite e, às vezes, um fracasso aparente não é um fracasso total. Por exemplo, o carro Edsel foi considerado o maior fracasso enfrentado pela Ford. Era feio, vendeu pouco e tinha só um modelo. Mas vou apresentar aqui o caso sob uma nova luz. Eu acho que foi um dos seus maiores sucessos, porque o Mustang foi produzido com base naquela tecnologia, assim como o Taurus. Esses são os dois automóveis mais populares e rentáveis produzidos pela Ford até a época em que escrevo. Não se deve jamais esquecer o que é bom em uma experiência ruim; precisamos procurar o bom em cada situação específica. Lembre-se: *você não pode voltar atrás e começar de novo, mas é agora que começa a criar um novo desfecho.*

SE VOCÊ AINDA NÃO ESTÁ ONDE QUER,
TALVEZ ESTEJA DANDO OUVIDOS A PLANOS ERRADOS,
ELABORADOS PELA PESSOA ERRADA.

Veja a si mesmo

Agora, quero frisar um ponto: somos atraídos pela imagem mais marcante que entra em nossa cabeça. É muito importante ter cuidado com as imagens que deixamos entrar em nossa mente – especialmente as imagens que vemos na televisão e nos filmes –, porque o que ocorre ali nos afeta. Por exemplo, são muito importantes as imagens que projetamos como pais. Falamos dos "terríveis dois anos", os *terrible two*, em vez de "fantásticos dois anos", "tremendos três anos", "fabulosos quatro anos" e "fantásticos cinco anos". Você gostaria de ouvir alguém dizer que você está nos "terríveis trinta anos", ou nos "horríveis cinquenta anos?". O modo como interpretamos o que falam de nós e o modo como falamos conosco têm muita importância, porque afetam nossa autoestima e nossa autoimagem.

Quantas vezes um executivo manda o vendedor fazer uma venda dizendo: "Agora, seja cuidadoso. Este é o nosso maior cliente. Não estrague o negócio". Em vez disso, não seria muito melhor dizer: "Estamos mandando você, porque sua experiência e seu jeito indicam que você é a única pessoa capaz de tratar desse caso da maneira como ele deve ser tratado"? Dê às pessoas algo que as enalteça, e não que as diminua. As imagens e as palavras podem jogar alguém para cima ou para baixo.

PRECISAMOS NOS PREOCUPAR EM MUDAR A IMAGEM MENTAL QUE TEMOS DE NÓS MESMOS.

Há pessoas que têm uma imagem mental de si mesmas tão estreita e superficial que acaba não tendo nenhuma semelhança com o que elas, na verdade, são. Muita gente não faz ideia daquilo a que pode ter acesso. Essas pessoas acham que os outros podem obter isso ou aquilo, ou ganhar isso ou aquilo, mas que elas não têm direito a nada. Elas não fazem ideia do que *podem fazer*, porque sempre lhes disseram o que *não podiam fazer*. E a consequência é que esperam muito pouco da vida e por isso só conseguem poucos resultados. Elas têm uma autoimagem que é apenas parcialmente correta.

Repetindo: simplesmente ter inteligência e habilidade não é necessariamente a chave do problema – e sim *reconhecer* essa habilidade, *assumi-la*, ao afirmar nossa qualidade, *apreciá-la*, *desenvolvê-la* e, em seguida, *usá-la*. Essa é a chave.

Precisamos nos preocupar em mudar a imagem mental que temos de nós mesmos. A dra. Joyce Brothers afirmou de maneira muito simples: "Você não pode ter um desempenho consistente de uma maneira que seja inconsistente com o modo como você vê a si mesmo". A imagem gravada no olho da mente é tremendamente importante.

Em seu livro *Rising Above the Crowd*, L. Harbour conta a história do jovem Ben Hooper, nascido nas montanhas do leste do Tennessee. Por não saber quem era seu pai, ele sofreu com o isolamento social e foi tratado do pior modo. Os vizinhos não deixavam que seus filhos brincassem com ele. Aos seis anos, ele estava na primeira série. Na hora do recreio, as crianças saíam para brincar juntas lá fora. O pequeno Ben ficava estudando na sua carteira porque ninguém queria brincar com ele. Na hora do almoço, ele pegava sua sacola e ia comer sozinho, enquanto as outras crianças faziam sua refeição juntas. Ele teve uma infância horrível.

É A ESPERANÇA QUE MUDA AS PESSOAS.
O ENCORAJAMENTO É O COMBUSTÍVEL QUE FAZ A
ESPERANÇA FUNCIONAR.

Quando ele tinha doze anos, chegou um novo pastor à pequena igreja, e Ben ouviu dizer que ele era um sujeito incrível e amoroso. Ben jamais frequentara a igreja, mas em um domingo resolveu ir. Pela primeira vez na vida daquela criança a esperança deu as caras. Pois bem, é a esperança que muda as pessoas. O encorajamento é o combustível que faz a esperança funcionar. No sábado seguinte, lá estava ele de novo, e de novo, e de novo, durante cinco ou seis domingos seguidos. No sexto ou sétimo domingo, a mensagem se tornou tão forte, tão fascinante, tão adequada ao pequeno Ben, que ele sequer notou a quantidade de gente que chegara e sentara atrás dele.

Eu digo que vencer é simples, mas nunca que vencer é fácil.

Esqueceu totalmente a hora, e, quando o sermão acabou e Ben se levantou, esperando sair correndo como fizera nos outros domingos, viu que desta vez havia gente nos corredores.

Ele estava procurando caminho entre as pessoas, quando sentiu uma mão que pousava sobre seu ombro. O menino se virou e viu o jovem pastor a quem a mão pertencia. O homem lhe fez uma pergunta que estivera na mente de todo mundo na cidade havia doze anos: "Você é filho de quem?". As pessoas conversavam naquele momento, mas de repente se fez um silêncio de morte. Então, o pastor abriu um lento sorriso. O sorriso foi aumentando até ficar escancarado, e ele disse: "Ah, eu sei de quem você é filho. Veja, a semelhança familiar é inegável. Você é filho de Deus!". E, com um tapinha nas costas, disse: "É uma responsabilidade e tanto que você carrega, menino. Agora vá cuidar de viver da maneira que você merece!".

Muitos anos depois, Ben Hooper disse que foi naquele dia que ele foi eleito governador do Tennessee e depois reeleito. Veja só, ele deixou de ser filho de pai desconhecido para ser filho do Senhor. E tudo na sua vida mudou dramática e radicalmente.

Exemplos a seguir

Quero falar sobre uma das pessoas mais exemplares da América. Seu nome é Truett Cathy, fundador da rede de fast-food Chick-fil-A. Ele se esforçou muito para chegar lá em cima e agora sua companhia vale bilhões de dólares. Cathy é famoso por ajudar os jovens a serem bem-sucedidos na vida, por meio de bolsas de estudo e outros programas de apoio à juventude. Sua empresa doa milhões de dólares para ajudar os jovens a frequentar a universidade. Cathy foi um legítimo sujeito que veio de baixo e viveu de acordo com todos os princípios que fariam de todo mundo um sucesso. Ele disse: "Quase sempre temos a oportunidade de dar alguma coisa a uma outra pessoa – nosso tempo, nosso amor, nossos recursos. Eu sempre tive mais satisfação em dar quando não esperava nenhuma retribuição".

Que grande exemplo a ser seguido. Ele viveu uma vida sem escândalos, era um sujeito maravilhoso, dedicado à família, passou 65 anos ao lado da esposa. Um exemplo clássico de lucidez perante a vida, de equilíbrio. Graças à sua dimensão espiritual e aos princípios que punha no trabalho, foi um homem excepcional e bem-sucedido, e deixou um legado admirável que sua família agora preserva. Sua visão elevada, eu garanto, é de uma beleza absoluta.

Olhando também para o mundo dos negócios, duas pessoas exemplares para mim são Mary Kay Ash e Mary Crowley. Essas senhoras fizeram um sucesso fenomenal nos negócios – ambas sempre comprometidas a fazer a coisa certa. Mary Kay fundou a empresa de cosméticos Mary Kay depois de ter se "aposentado" de outra empresa. Na verdade, ela se aposentou porque achou injusta a maneira como os donos tratavam os funcionários. Três dias após se aposentar, porém, começou a criar um projeto em que as mulheres teriam uma enorme oportunidade financeira, além de perspectivas na carreira, e a premissa de que Deus viria primeiro, depois as famílias e, em terceiro lugar, Mary Kay. Os resultados falam por si, já que o negócio virou uma empresa multibilionária.

Minha outra favorita é Mary Crowley, que fundou a Home Interiors and Gifts, especializada em artigos de decoração. Ela doou, literalmente, milhões de dólares para bolsas de estudo em faculdades cristãs e ajudou muita gente. Pregou a liderança baseada no livro dos Provérbios e fez seminários em lugares que lhe permitiam se relacionar com mulheres e fazer um trabalho conjunto com elas. É uma pessoa enormemente bem-sucedida. No vigésimo quinto aniversário de sua empresa, em 1983, esta havia faturado quatrocentos milhões de dólares em vendas, com lucro estimado em mais de vinte milhões. No começo dos anos 1990, as vendas passaram dos 850 milhões. Ela e Mary Kay Ash deram uma tremenda contribuição à sociedade e serviram de exemplo dos bons princípios empresariais, ao aplicar a Regra de Ouro na prática.

Norm Miller é outro clássico exemplo de que gente boa chega lá de verdade! Ele é presidente da fábrica de baterias Interstate e faz doações substanciosas para iniciativas meritórias, iniciativas de igrejas, para os sem-teto e os necessitados. Ele age conforme prega – é coerente, equilibrado, tem uma bela família. Goza de boa reputação na comunidade e é fiel nos serviços que presta à Igreja. Em 2017, a Interstate comemorou um recorde de vendas, dezoito milhões de baterias vendidas em apenas um ano. Embora a renda em 2013 tenha sido de 1,5 bilhão, a empresa se baseia em propósitos e valores, e afirma: "Com nossos valores como moldura, acreditamos que os lucros jamais poderão estimular o nosso sucesso do modo como faz o nosso objetivo".

Outro exemplo clássico de alguém que tem uma magnífica visão privilegiada é Kurt Warner, ex-defensor do St. Louis Rams, do New York Giants e do Arizona Cardinals. Ele foi um atleta extraordinário e é um homem muito rico, que veio de uma situação de grande pobreza. Ele é relevante porque contribui muito para os outros, especialmente para as crianças, por intermédio da fundação *First Things First*, criada por ele e a esposa.

> OS BONS HOMENS E MULHERES QUE TÊM VALORES, QUALIDADES E CARÁTER SÃO RELEVANTES PORQUE FAZEM COISAS IMPORTANTES – É GENTE QUE CHEGA EM PRIMEIRO LUGAR MESMO.

Outra pessoa favorita do mundo do atletismo, que conheço bem, é Dennis Parker. Mais um clássico exemplo de que os bons homens e mulheres que têm valores, qualidades e caráter são relevantes porque fazem coisas relevantes – é gente que chega em primeiro lugar *mesmo*. Dennis foi contratado pelo Marshall High quando o time não conquistava nenhum jogo classificatório desde 1949. Três anos depois, eles participavam das finais e, no quarto ano, conquistaram o campeonato estadual.

Dennis Parker me disse em várias ocasiões: "Zig, nunca aconteceu que algum rapaz me procurasse depois de formado para me dizer 'sabe, treinador, quando você me ensinou a dar aquele passe, isso mudou minha vida para sempre'. Mas encontrei muitos caras que me procuravam e diziam: 'Dennis, lembra da história que me contou sobre o que acontece quando a gente faz a coisa certa? Cara, isso mudou a minha vida'".

Esses são exemplos a serem seguidos. São homens e mulheres dedicados a uma missão. E, em virtude de fazerem tanta coisa pelos demais, eles mesmos acabam sendo os maiores vencedores. E gozam todo dia de sua visão elevada.

5

LIBERDADE PARA TER SUCESSO

Você está no topo quando reconhece, assume, desenvolve e utiliza suas habilidades físicas, mentais e espirituais, dadas por Deus para a Sua glória e para benefício de toda a humanidade.

Lembro claramente da senhora que me ligou durante um talk show e chorou: "Sr. Ziglar, tenho 53 anos, nunca fiz nada na vida e agora já é tarde demais. É o fim de tudo". E eu respondi: "Perdão, minha senhora, quantos anos a senhora disse que tem?". Ela disse: "Estou com 53 e é tarde demais". Eu respondi: "Mas a senhora é uma mocinha. Sua mamãe sabe onde a senhora está?".

Quando ela começou a rir, sua mente se abriu e ela ficou livre para ouvir o que eu tinha a dizer. Certas pessoas têm uma mentalidade muito estreita e acreditam que não têm liberdade para enxergar além de suas circunstâncias atuais.

Para quem deu com a cara no muro, meu primeiro conselho é ler um bom livro de humor. Ver ou ler algo absolutamente hilário, ou assistir a algo muito engraçado na TV. Se você topou com o muro e acha que não consegue seguir adiante, verá com espanto que o riso pode afetar sua atitude. Você precisa lembrar que, apesar de ter sucesso em um aspecto da vida, o lado engraçado aparece quando você tem sucesso também em outros. Talvez você tenha chegado lá financeiramente – o que mostra que você tem energia, ambição, direção e atingiu a meta. Mas agora você precisa encarar a realização de outras metas para equilibrar as coisas.

SE VOCÊ TOPOU COM O MURO
E ACHA QUE NÃO CONSEGUE SEGUIR ADIANTE,
VERÁ COM ESPANTO QUE O RISO
PODE AFETAR SUA ATITUDE.

Então, qual o primeiro passo a dar? Lembre-se do que você já leu antes: sua saúde física depende mais de suas relações do que da comida que você consome, do seu programa de exercícios e até mesmo dos seus genes hereditários. As relações são muito importantes em muitos aspectos da vida.

Por exemplo, concentre-se em cortejar seu companheiro e reveja sua relação com seus filhos, se os tiver. Talvez você tenha dado pouca atenção a eles no decorrer dos anos. Já vi relações prolongadas dando viradas positivas como resultado dessa simples atenção. Há duas coisas que todo mundo deseja: ser respeitado e ser valorizado. Você ficará espantado com o bem que fará dizer a seu marido ou esposa o quanto você aprecia toda a atenção que ele ou ela dedicaram a você ao longo dos anos. Fale a seus filhos e netos do orgulho que sente pelo que eles representam e pelo que fazem. A comunicação é muito importante – a conversa e o cultivo da intimidade libertarão você e sua família de quaisquer bloqueios que possam ter sido criados.

O perdão

O ressentimento é outro fator que até certo ponto tende a se acumular. Talvez você tenha tentado ser bem-sucedido, mas algo o impediu. A raiva e a amargura o refreiam. Você nunca será feliz enquanto tiver raiva e amargura. Bem, isso talvez pareça uma tolice, porém muitas vezes é mais verdadeiro do que falso. Seria perfeitamente natural que você se sentisse assim se alguém o tivesse desrespeitado ou rejeitado. No entanto, se alguém o ofendeu e você não o esqueceu, esse alguém estará comandando sua vida, porque você estará preso a essa pessoa, ele ou ela agora controlam você; você não é livre.

Agora, pense nisto por um instante. Se essa pessoa de algum modo o ofendeu ou rejeitou, criando um impacto negativo no seu passado, agora está impactando negativamente seu presente. E você certamente não a deixará impactar negativamente seu futuro.

Anos atrás, dei uma palestra em Detroit, no Michigan, em que entrei detalhadamente na questão do valor do perdão. Um rapaz me ouviu dizer que, se você carrega ressentimento, jamais terá paz de espírito. E o que realmente mexeu com ele foi quando eu falei: "Um dia desses você dirá: 'Quem dera eu fosse capaz de perdoar' ou 'Que bom que perdoei'".

O jovem me disse: "O que você falou abriu minha mente. Logo que você começou a discursar sobre o perdão, eu pensei que aquilo que meu pai fizera para mim havia sido horrível demais. Ele não merecia perdão. Só que, quando você disse que perdoar o outro acaba sendo um benefício *para mim,* isso me fez pensar. E você falou também que, se eu não conseguisse perdoar em benefício dos outros, que pelo menos perdoasse em benefício próprio. Em seguida, você disse que o espantoso é que ambos saem ganhando. Bem, fiquei pensando nisso.

"Eu não falava havia anos com meu pai e fui vê-lo. Não queria conversar com ele por telefone. Quando o acusei pelo que ele tinha feito, ele negou com convicção. Tinha varrido isso de sua mente. Então, eu olhei para ele e disse: 'Pai, quero que você reconheça o que fez, mas, pai, quero que saiba duas coisas também. Primeiro, eu te perdoo. E, segundo, eu te amo'".

O rapaz olhou para mim e prosseguiu: "Sr. Ziglar, quando eu disse isso, ele perdeu o controle e chorou como uma criança. Embora nossa relação ainda não seja perfeita, temos nos aproximado a cada encontro. Meu pai é um sujeito relativamente jovem. Agora, ele pode aproveitar os netos".

Se você deu de cara com o muro, olhe para todos os aspectos de sua vida. Olhe para os amigos, olhe para todos os relacionamentos. E, se for humanamente possível, perdoe quem precisa ser perdoado. Comprometa-se a seguir a Regra de Ouro e a ideia de que você pode ter tudo na vida, não só dinheiro, mas tudo que você quiser, se simplesmente ajudar os outros a ter o que desejam. Concentre-se nisso, pois é o que levará você a uma posição em que será realmente capaz de usufruir da visão privilegiada.

> OLHE PARA OS AMIGOS, SUA FAMÍLIA,
> TODOS OS SEUS RELACIONAMENTOS.
> E, SE FOR HUMANAMENTE POSSÍVEL,
> PERDOE QUEM PRECISA SER PERDOADO.

Tudo que você quiser

Durante cinco anos, trabalhei como vendedor de utensílios de cozinha, fazendo propaganda por meio de demonstrações culinárias. Depois de vários anos, finalmente percebi que precisava de ajuda e coloquei um anúncio no jornal. Só precisava de alguém que fizesse todo o trabalho. Queria alguém que comprasse os ingredientes, deixasse os legumes prontos para serem cozidos, preparasse a refeição, servisse e depois lavasse os pratos e panelas. Era só isso que eu queria que ele fizesse. Ha!

Bem, uma senhora tranquila, chamada Jerry, respondeu ao anúncio. Ela ganhava a vida como costureira e boleira. Quando eu disse o que queria que ela fizesse, ela respondeu: "Adoro cozinhar e não me importo em lavar pratos. Ficarei satisfeita em trabalhar para você sob a condição de só começar às quatro da tarde, e também que não me peça, em nenhuma circunstância, para participar da sua demonstração na frente das pessoas. Você já deve ter notado que sou tímida e gosto de ficar calada".

Concordei de bom grado em aceitar seus termos, e as coisas foram muito bem durante uns dois meses. Porém, em uma noite eu disse: "Jerry, quero que você entregue os utensílios de cozinha que vendi aos compradores. Leve-os às casas deles e ensine os compradores a usar as peças".

O mais puro terror aflorou em seus olhos. Ela literalmente começou a tremer e disse: "Não posso fazer isso. Não posso. Não posso ensinar as senhoras a cozinhar nos seus próprios fogões". Eu argumentei: "Mas, Jerry, foi isso que você fez todas as noites durante os últimos dois meses, não foi?".

"Sim. Mas sempre com você presente e sabendo que me salvaria se eu errasse. Não vou fazer isso. Simplesmente não consigo".

Nessa noite eu tinha que dirigir cinquenta quilômetros para levá-la em casa, e acho que ela aproveitou a viagem para pensar no assunto. Então, na hora de sair do carro, ela balançou o dedo na minha cara e disse: "Certo, eu faço. Mas, se me pedir isso de novo, vou ficar brava com você. Não vou conseguir pregar o olho esta noite. E tenho certeza de que vou fazer um péssimo trabalho". Bem, não sei se ela dormiu naquela noite ou não; só sei que eu não dormi.

Na noite seguinte, por volta das dez horas, recebi um telefonema emocionante. Ela me apresentou, durante vinte minutos, todos os detalhes do que acontecera quando entregou os utensílios para o primeiro casal. Me contou, animada: "Eles tinham café com bolo à minha espera... e, Zig, foi uma experiência maravilhosa. Quando eu estava pronta para sair, eles me agradeceram profundamente e me convidaram para voltar e levar minhas filhas. E disseram que, da próxima vez, eles que iriam cozinhar! E terminaram dizendo: 'Jerry, você tem uma personalidade tão interessante, e é tão profissional'".

Lamento muito não ter guardado o nome e o endereço desse cliente, porque aquelas palavras transformaram literalmente toda a vida de Jerry. A costureira tímida que fazia bolos se tornou uma das pessoas mais entusiasmadas e motivadas que já conheci. O que direi não aconteceu naquele dia, nem mesmo naquela semana, mas em menos de cinco anos Jerry Arrowwood era vice-presidente encarregada da formação profissional em uma empresa multimilionária.

Ela descobriu a coragem necessária para fazer a entrega. Foi necessário comprometimento. Ela tinha compaixão. Sabia que, se a mercadoria não fosse entregue no dia seguinte, minha reputação ficaria abalada. E tenho certeza absoluta de que, quando Jerry decidiu fazê-lo, não estava pensando em ser vice-presidente, encarregada do treinamento em vendas de uma empresa multimilionária, como sempre sonhara. Ela não pensou que podia obter tudo que quisesse na vida se ajudasse bastante os outros a obter o que queriam. Tenho certeza absoluta de que isso não passou pela cabeça dela. Passou o fato de que eu dependia dela e de que o certo era que ela me fizesse aquele grande favor.

Ela me deu uma ajuda maravilhosa quando foi preciso, e, quando você passa pela vida com essa atitude, coisas boas acontecem. Ela chegou ao topo com um conjunto de bons valores, mas, ao colocá-los em prática, eles foram acrescidos de outros valores, habilidades e talento. Para começar, coragem, porque tenho certeza absoluta de que ela estava aterrorizada até a medula ao fazer aquela primeira entrega. Quero crer que, na segunda e na terceira, ela já estava se sentindo em casa. A fagulha a incendiou naquela noite e ela continuou alimentando o fogo, conservando-o aceso. A entrega daqueles utensílios não fazia parte das obrigações de seu trabalho. Mas a verdade é que, *quando você faz mais do que foi pago para fazer, acaba sendo pago a mais pelo que fez.* Jerry acabou se tornando uma pensadora positiva, uma legítima otimista dedicada, palestrante hábil e instrutora, porque pegou aquilo que já possuía e utilizou, libertando-se de limitações impostas por ela mesma.

Uau!

Em julho de 1972, peguei um voo de Dallas até Norfolk, na Virgínia. Fui o primeiro a embarcar. Alguns momentos depois, entrou uma mãe carregando um bebê, de mãos dadas com um menininho e, atrás deles, uma garotinha de uns quatro anos. A pequenina parou para observar os funcionários embarcando a comida e ficou fascinada. Em seguida, ela se virou para a cabine e viu o piloto e mais dois sujeitos sentados lá e uma porção de instrumentos eletrônicos, provavelmente mais do que ela já vira na vida inteira. Quando se virou de volta, seus olhos estavam do tamanho de um pires.

Era óbvio que a família estava entrando em um avião pela primeira vez. A garotinha se virou de novo, olhou para o longo, longo corredor e disse: "Uau!". É isso que dizem os imigrantes quando chegam à América. Eles veem a beleza em volta e tudo que existe ali, sendo esse o provável motivo pelo qual esses imigrantes têm quatro vezes mais probabilidade de se tornar milionários do que os naturais do país. Eles chegam trazendo um sonho. Sabem que todo mundo aqui é rico e que eles também podem ficar ricos, e abrem os olhos para novas experiências.

Muitos imigrantes leem anúncios no jornal oferecendo empregos que pagam seis dólares a hora, e isso os deixa abismados. *Cara, isso é mais do que eu ganhava na minha terra por seis dias de trabalho!* Eles dão duro no trabalho. Fazem horas extras. Se matriculam nas faculdades comunitárias. Eles *fazem* coisas, e coisas espantosas acontecem.

Qual foi a última vez que você olhou para seu companheiro e disse "Uau!"? Ou para sua mãe ou seu pai? Qual foi a última vez que você olhou para o poente ou o nascente do sol e disse "Uau!"? Essa é uma atitude que faz diferença na sua vida. Aliás, essa é simplesmente uma das coisas mais importantes que podemos fazer: *jamais perder o espanto diante do novo dia.* O impacto que você vai exercer sobre os outros pode ser muito, muito significativo.

Deixe-me contar uma coisa sobre um amigo meu. Seu nome é Lou Holtz. É provável que você já tenha ouvido falar dele. Foi treinador de futebol americano – um dos melhores do país. Lou foi despedido de seu primeiro emprego, na Universidade da Carolina do Sul. E veja o que aconteceu quando Lou estava na Universidade do Arkansas. Ele adotou a filosofia de que você pode ter tudo que quiser na vida se ajudar outras pessoas a obter o que elas querem.

Agora, esta é a maneira como isso funciona no treinamento de times. Muita gente não sabe, mas, tendo passado onze anos na Notre Dame, ele conseguiu promover dez de seus assistentes de treinador ao posto de treinador principal de outros times. E você pode dizer: não eram eles os seus melhores assistentes? Com certeza. Por isso, receberam a oferta de trabalhar como treinadores principais. Bem, isso é bom para os treinadores, mas que proveito teve para Lou? De que maneira ele se beneficiou da situação? Bem, algo interessante aconteceu quando o segundo assistente de treinador de Notre Dame foi promovido a treinador principal de outro time. Os assistentes de treinador de todo o país ouviram dizer que Lou Holtz estava ensinando a seus colegas de profissão como conseguir ser treinadores principais, e então começaram a se inscrever aos montes para trabalhar na Notre Dame. E Lou sempre conseguia substituir seus bons treinadores por outros talvez até melhores.

E ele recebeu um bônus. Os novos treinadores lhe trouxeram todos os seus contatos do Ensino Médio. Essa filosofia de fato funciona.

NÃO PERCA NUNCA O ESPANTO
DIANTE DO DIA QUE NASCE.

Busque oportunidades

Agora, vamos começar a ver de que se trata realmente essa filosofia.

Ao pegar um táxi em Mobile, no Alabama, fiquei conversando com o motorista, que era oriundo da Nigéria. Tenho grande interesse pelos imigrantes, por isso perguntei há quantos anos ele estava na América. Ele disse que fazia doze anos. Perguntei se ele frequentava alguma faculdade e se aproveitava todas as vantagens dos Estados Unidos. Ele disse:

– Com certeza! Aliás, vou defender meu doutorado dentro de dois meses e minha mulher já fez o seu mestrado.

– Que ótimo. Vocês têm filhos?

– Sim, temos quatro. Com quatro, seis, oito e dez anos, e todos os que estão no colégio já têm medalhas.

Perguntei a ele como tinha conseguido cuidar da família e da sua própria instrução no decorrer de doze anos.

– Como você vê, sou motorista de táxi agora. Também já carreguei e descarreguei caminhões. Fui vigia noturno. Trabalhei com seguros, fui instrutor. Fiz tudo que precisava para alcançar o objetivo. E saiba que minha mulher trabalhou tanto e tão duro quanto eu esse tempo todo.

– Depois que você defender seu doutorado, daqui a dois meses – eu quis saber –, qual será a estratégia do jogo?

– Bem, já assinei contrato com uma grande empresa em Wall Street. Meu doutorado é no ramo de finanças e negócios. Tenho um contrato de dois anos com essa companhia, e depois volto para a Nigéria, onde um cargo importante no governo me espera.

Agora, quero que você dedique um instante para pensar na história que acabei de contar. Dá para imaginar o que ele e a esposa precisaram viver? Durante quantos anos voltavam para casa exaustos, mas tinham que cuidar das crianças – durante quantos anos seus corpos não pediam desesperadamente para dormir? Mas eles tinham um sonho, um ideal – queriam mais.

Eu então disse:

– Como vocês arranjaram a motivação para fazer tudo isso? É fantástico!

– No meu primeiro dia de escola na Nigéria, quando voltei para casa e pedi que meus pais me ajudassem com o dever de casa, percebi pela primeira vez que eles eram analfabetos. Não podiam me ensinar. – Ele contou que os pais ficaram terrivelmente constrangidos. – Nesse dia, com menos de seis anos, resolvi que eu iria estudar. Jamais queria ver no rosto de um de meus filhos a expressão que eu fiz quando eles me contaram que não podiam me ajudar a aprender a ler.

Para que sejamos como desejamos, precisamos de um sonho, de um compromisso, coragem e disciplina. E essa fórmula leva à liberdade.

Liberdade ou escravidão

Durante alguns anos, muita gente viveu entoando cantigas à liberdade. Em muitos casos, essas pessoas queriam dizer: quero ser livre para fazer o que eu quiser, da maneira que eu quiser. Pois bem, muitas vezes essa atitude leva à escravidão. *Quando você usa sua liberdade para se expressar no nível mais baixo, acaba se condenando a viver nesse nível.*

Você é livre para experimentar álcool e drogas, mas uma parcela dos indivíduos que experimentam essas coisas acaba escrava delas. A liberdade, de acordo com o dicionário, significa isenção do poder ou do controle exercidos pelos outros. Em nossa sociedade, você é livre para beber ou fumar e, na prática, para usar drogas ilícitas e praticar virtualmente qualquer comportamento imoral. A escolha é sua. Mas essa escolha se transforma muitas vezes em hábito e depois em vício, o que significa que, nesse ponto, você abriu mão de sua liberdade e escolheu a escravidão.

Pitágoras dizia que "nenhum homem que não consiga se dominar é livre". Gandhi afirmou: "Tenho a firme convicção de que nenhum homem perde a liberdade a não ser pela sua fraqueza". Charles Kingsley declarou que "existem duas liberdades: a falsa, em que o sujeito é livre para fazer o que deseja; e a verdadeira, em que o sujeito é livre para fazer o que deve fazer". E diz a Bíblia: "Conhecereis a verdade, e a verdade vos libertará".

Will Durant, um famoso historiador, fez a seguinte reflexão: "Teremos liberdade em demasia? Teremos ridicularizado por tanto tempo a autoridade da família, a disciplina na educação, as regras na Arte, a conduta decente e a lei do Estado, que nossa liberação fez com que nos aproximássemos do caos na família e na escola, na moral, nas artes, nas ideias e no governo? Esquecemo-nos de usar nossa inteligência quando conquistamos a nossa liberdade".

A VISÃO PRIVILEGIADA LHE DÁ A LIBERDADE DE SER O MELHOR POSSÍVEL, DE CONTRIBUIR AO MÁXIMO COM OS OUTROS, AO MESMO TEMPO QUE VOCÊ MESMO FRUI UMA VIDA MAIS RICA E COMPLETA.

Essas são, de fato, falas cheias de sabedoria sobre a liberdade. A visão privilegiada lhe dá a liberdade de ser o melhor possível, de contribuir ao máximo com os outros, ao mesmo tempo que você mesmo frui uma vida mais rica e completa. Livre para aprender as coisas novas que farão diferença. Livre para ser gentil, bom e generoso com o outro. Livre para usar suas habilidades para atingir objetivos valiosos, que significarão muita coisa para você, para a sociedade, seus amigos, sua família e sua pátria. Acho que, às vezes, esquecemos o incrível preço que nossos antepassados pagaram para nos legar a liberdade de que gozamos neste país.

Mas a realidade é que, se abusarmos da liberdade e não a usarmos para nos aperfeiçoar o máximo possível, chegará o dia em que perderemos definitivamente toda a liberdade que temos. Um antropólogo inglês fez um trabalho em que estudou civilizações que existiram durante um período de três mil anos. Ele descobriu que, em 100% dos casos, essas civilizações decaíam porque abusavam da liberdade que tinham. Os valores familiares deterioraram, a sociedade se voltou para modos de vida imorais e o crime se tornou comum – o resultado foi que essas civilizações fracassaram. A liberdade é um bem que não tem preço.

Lembre-se de que somos uma nação feita de leis e não de pessoas. Quando seguimos essas leis, temos a liberdade para nos tornar o melhor possível. É aí que podemos fruir realmente de nossa liberdade, porque passamos a ter uma visão privilegiada magnífica.

A DISCIPLINA É A PARTE MAIS REFINADA DE NOSSA FÓRMULA, QUE FAZ TUDO MAIS ACONTECER – E PERMITE QUE ACONTEÇA COM VOCÊ.

Disciplina

O fundador do Walmart, Sam Walton, disse: "Acho que superei absolutamente todas as minhas deficiências pessoais pela absoluta paixão que levei para o meu trabalho". Foi preciso coragem para que aquele motorista de táxi deixasse a Nigéria em busca de educação e oportunidades. Foi mais difícil do que podemos imaginar. A disciplina é tremendamente importante, no entanto, há tanta gente que a compreende mal. Adoro o que Sybil Stanton afirmou: "A verdadeira disciplina não fica nas suas costas espetando você com imperativos. Ela fica ao seu lado, empurrando-o com incentivos". Como isso é verdadeiro. A disciplina é a parte refinada de nossa fórmula, que faz tudo mais acontecer – e permite que aconteça com você.

Muitos dizem não gostar da ideia de disciplina. E conheço gente que se rebela contra ela. Mas pense nisso deste modo:

disciplina e castigo são duas coisas inteiramente diferentes. O castigo é o que acontece quando a disciplina falha. A disciplina é uma recompensa. Você é recompensado pelo que fez. Pense nisso dessa maneira. O marinheiro alcança o destino que deseja sendo obediente à bússola. As pessoas que têm objetivos, que se disciplinam, obterão aquilo que querem. Você pode conseguir as coisas que quiser e mais as que sonhou, mas grande parte disso depende da sua dedicação, disciplina e coragem para continuar.

Imaginação

Muita gente diz que os Estados Unidos são a nação mais poderosa do mundo, e eu não vou contradizer isso. Mas quero criar um argumento aqui a favor da *imaginação,* porque nela se encerra uma tremenda força. Quero estimular você a desenvolver e usar seus sonhos e sua imaginação.

Meu desejo é que você fique tão animado quanto o pequeno Johnny, aluno da segunda série. Toda sexta-feira à tarde a professora dizia: "Turma, se acontecer algo emocionante no fim de semana, conte para nós na segunda de manhã". Então, na segunda de manhã o pequeno Johnny estava sentado na sua carteira, parecendo muito animado. A professora disse:

– Johnny, parece que você teve um fim de semana bom.

– Sim, senhora, foi animado. Eu e meu pai fomos pescar e pegamos 75 bagres, todos pesando 34 quilos.

– Ah, Johnny, você sabe que isso simplesmente não é verdade.

– Não, senhora. É verdade, sim. Meu pai é um grande pescador e eu sou ainda melhor do que ele. Pegamos 75 bagres, todos pesando 34 quilos.

A professora argumentou:

– Johnny, se eu lhe contasse que hoje de manhã, quando eu vinha para a escola, um urso velho enorme, de mais de três metros e pesando quase quinhentos quilos, se ergueu bem na minha frente e estava prestes a me pegar quando um cãozinho amarelo de quatro quilos pulou em cima dele e pegou o urso pelo focinho, derrubando-o para trás, quebrando o pescoço dele e matando-o... Johnny, se eu lhe contasse isso, você acreditaria?

E o menino respondeu:

– Ah, sim, senhora! Aliás, era o meu cachorrinho!

Quero que você fique tão animado quanto o pequeno Johnny em relação à sua imaginação e aos seus sonhos, e às maneiras de impressionar uma grande quantidade de pessoas – desse modo, adquirindo você mesmo um incrível progresso. É preciso duas coisas para que isso aconteça. Permitir-se a liberdade de usar a imaginação e sonhar.

CULTIVANDO SEUS SONHOS

*Você está no topo quando sabe que uma vitória não o consagra,
assim como uma derrota não o derruba.*

Você leva seu dia de acordo com o relógio, como se vê na véspera das férias, mas também leva sua vida de acordo com uma *visão*. É preciso sonhar.

Quando perguntaram a Helen Keller como ela se sentia sendo cega, ela respondeu que era muito melhor não enxergar do que não ter visão. Salomão disse: "Meu povo morre por falta de visão". Albert Schweitzer, o grande médico missionário na África, afirmou quando perguntaram como se sentia: "Minha vista está fraca, mas minha visão está mais clara do que nunca".

Nós precisamos sonhar, precisamos de um ideal. Walt Disney não viu um camundongo, mas sim milhões de garotos de todas as idades se divertindo com suas criações. Construiu um império. Neil Rubinstein foi diretor da Universidade de Harvard de 1991 a 2001. Sua mãe era garçonete de meio expediente e seu pai, guarda penitenciário. No entanto, quando ainda era menino, Neil mostrou astúcia quando observou que existe uma correlação direta entre desempenho e recompensa. Então, na infância, decidiu que o caminho para um melhor desempenho era a educação. E que, apesar do que faziam seus pais, a quem ele amava muito, Neil desejava uma vida diferente. Por isso, adotou objetivos mais elevados. Sonhar é uma absoluta necessidade.

Adoro esta reflexão de Thoreau: "Quando você avança com fé na direção de seu sonho e procura viver uma vida voltada para o que imagina, encontra um sucesso inesperado nas horas mais corriqueiras. Se você constrói castelos de areia, seu trabalho não será obrigatoriamente perdido; ele fica onde devia estar. Mas é preciso fazer alicerces embaixo deles". Por que não há mais gente que sonha alto?

Creio que a história do "cavalheiro Jim Corbett", campeão mundial de boxe peso pesado, tem muito a dizer. Ele estava se exercitando na estrada uma certa manhã quando avistou um pescador que trabalhava com grande êxito. Ele pegava peixes grandes e pequenos; toda vez que lançava o anzol, pescava alguma coisa. Mas Corbett reparou que, sempre que ele pegava um peixe grande, jogava-o de volta na água. Guardava na cesta os pequenos. Bem, isso deixou Corbett tão espantado que ele correu até o pescador e perguntou: "Olhe, eu pesco, mas nunca vi um pescador jogar os peixes grandes de volta. Gostaria de saber por que o senhor faz isso".

O pescador balançou a cabeça com tristeza: "Meu amigo, detesto fazer isso, mas não tenho escolha. Sabe, só tenho em casa uma frigideira pequena". Bem, não ria, porque ele está falando de você e eu. Temos aquele grande sonho, aquela grande ideia, mas, tão logo tomamos consciência do ideal, pensamos: *Ah, não, meu Deus, isso é grande demais para quem tem apenas uma pequena frigideira. Me dê uma coisa menor para que eu não tenha tanto trabalho. Além do mais, se fosse uma boa ideia mesmo, alguém já teria tido. Me dê uma coisa menor, quero ficar tranquilo. Não me tire da minha zona de conforto.*

Bem, eu quero que você deixe a sua zona de conforto. Quero que tenha clareza de ser capaz de fazer algumas mudanças; de poder criar sonhos. Vou repetir mais uma vez: as mudanças radicais se fazem passo a passo.

Uma palavra de cada vez

Aos 37 anos, Vince Robert dirigia um táxi; só tinha estudado até o sétimo ano. Como você acha que a vida e a carreira dele tenderiam a acabar? Muita gente diria que ele provavelmente acabaria vivendo de uma pensão governamental para pessoas de baixa renda, ou que alguém o sustentaria. Bem, um dia, enquanto ele esperava por uma corrida no aeroporto, ou fazendo ponto em um hotel, onde ficava por horas diariamente, uma ideia o atingiu como um raio. Ele foi até uma livraria, onde comprou um dicionário Webster completo. Colocou o dicionário no banco da frente do carro e, começando da primeira página, passou a memorizá-lo. Antes de virar uma quantidade pequena de páginas, reparou em uma coisa: ele estava compreendendo as coisas como nunca.

Um estudo feito pela Escola de Medicina de Georgetown concluiu que em 100% dos casos o seu QI aumenta quando há uma melhoria no seu vocabulário. Vince começou a compreender as coisas; como resultado, pegou cada moeda de pouco valor que podia poupar e investiu-as no mercado de ações. Quando recebia dividendos, reinvestia. Certo tempo depois, comprou a empresa de táxi com dezenove carros e se tornou um sujeito muito rico.

Há algumas coisas que é preciso compreender sobre o caso de Vince Robert. Em primeiro lugar, ele não começou a investir em um dia para já no dia seguinte comprar a empresa. Segundo, *ele sacrificou algumas coisas que queria,* como roupas elegantes, um belo apartamento e belos carros. Sacrificou-se para *obter mais tarde as coisas que realmente queria.* Chama-se isso de disciplina, dedicação, responsabilidade, maturidade. O resultado é que acabou se tornando um homem rico. E como ele fez isso? Aprendendo uma palavra de cada vez, investindo um dólar de cada vez. *Mudança radical, melhoria radical, crescimento radical – em passos controlados.*

Eu estava dando um seminário muitos anos atrás em Dallas, no Texas. Falava sobre autoimagem e valor próprio. Depois que o seminário acabou, uma mulher extremamente agitada se aproximou de mim. Ela disse: "Sr. Ziglar, o que o senhor falou hoje valeu muito para mim. Meu pai foi obrigado a se aposentar alguns meses atrás. Tem saúde. Não queria se aposentar. Gostava do que estava fazendo e queria continuar a trabalhar. Mas havia esse limite, ele estava com 65 anos. Tudo ficou resolvido então. O senhor sabe como é a burocracia, não sabe? Um monte de gente desorganizada, totalmente dedicada a aumentar seu contingente, tudo para minar e acabar jogando a energia viva da gente no lixo".

"Bem, como resultado da aposentadoria, ficou realmente difícil conviver com meu pai. Ele vive reclamando disso e daquilo, e daquilo outro. E em poucos meses ele e mamãe se mudaram para Dallas. Quase enlouqueci tentando descobrir o que poderia fazer para ajudá-lo. Não fazia ideia. Mas depois olhei para a lista de ideias que você me deu hoje e desse modo posso ajudá-lo."

Eu li a lista que ela escrevera e vi que não havia um único item listado que de longe lembrasse qualquer item da minha palestra! O que aconteceu? Está muito claro e é muito simples. Ela conhecia o pai muito bem e o amava muito. Conhecia bem a vida, pois era uma mulher experiente. O que ela fez foi acrescentar novas informações ao que já sabia. Assim, *quanto mais coisas novas você aprende, mais aumenta o valor daquilo que já conhece*.

É aí que entra em cena a *imaginação*. A antiga e essencial informação no cérebro aflorou de repente. A nova informação também surgiu de repente. A antiga olhou para a nova e começou uma conversa, dizendo: "Sabe, se a gente se juntasse, provavelmente criaríamos algo fabuloso". Foi exatamente o que aconteceu.

Esse é o motivo por que precisamos aprender todos os dias. A quantidade de cartas que recebo de quem leu meus livros e ouviu meus áudios dizendo que isso tinha mudado suas vidas é cem vezes maior que as pessoas que dizem que meu seminário ou palestra mudou suas vidas. Por quê? Usar o tempo que você passa no seu carro, entre a ida e a volta do trabalho, pode fazer uma enorme diferença. Há vários anos fui professor visitante da Universidade do Sul da Califórnia. Na época em que eu estava lá, eles fizeram um estudo e descobriram que, se você mora em uma área metropolitana e dirige dezoito mil quilômetros por ano, consegue adquirir em três anos o equivalente a dois anos de aprendizado em uma universidade – dentro do seu carro. É a "Universidade Automotiva!".

Doze anos atrás, passei essa ideia para um rapaz chamado Stephen Payne, um indígena Cherokee de Bartlesville, em Oaklahoma. Nos anos seguintes, ele se dedicou muito à universidade automotiva. Recebeu seu diploma do supletivo aos 22 anos de idade. E, hoje, Stephen Payne é tradutor de francês e espanhol na empresa em que trabalha. Também fala fluentemente italiano, japonês, alemão, russo, português e norueguês. Está atualmente aprendendo cherokee, e também começou a aprender polonês. Stephen me conta que ele aprendeu 90% disso na universidade automotiva.

Não fique aí sentado esperando chegar lá; se você deseja mais instrução do que tinha quando saiu de casa, se mova em direção ao seu destino. E, quando sair do trabalho, não fique simplesmente sentado até chegar em casa. Nunca dou conselhos que eu mesmo não pratico. Em toda viagem para meus seminários e gravações, ouço áudios o tempo todo e quase sempre descubro alguma ideia muito valiosa, ou alguma ilustração que vai me ajudar no que faço.

Mais valor, mais criatividade

A nova informação agregada à antiga oferece a você mais valor e criatividade. Na minha própria vida, gosto de passar tempo com minha esposa, gosto de meu programa de exercícios e gosto de jogar golfe. Agora, para ter tudo isso eu preciso utilizar meu tempo. Acho que ver televisão não é o melhor emprego do meu tempo; isso é considerado, literalmente, um fator que diminui sua renda, além de ser um modo de diminuir a alegria de viver. Por isso, vejo pouca TV. Assisto de fato a programas educativos, mas geralmente fico lendo e fazendo outras coisas.

Leio muito. Tenho lido uma média de quase três horas por dia durante os últimos trinta anos. Nunca vou a lugar algum sem levar algo para ler. Se tenho um compromisso para almoçar ao meio-dia, levo um livro pequeno ou recorto algum artigo do meu interesse de uma revista, e o coloco no bolso. Eu serei pontual, mas talvez a outra pessoa não. Quando vou ao dentista, sei que ele vai cuidar de mim durante mais ou menos vinte minutos, por isso passo os outros quarenta minutos lendo algo que quero saber.

Quando vou para o aeroporto e todo mundo está esperando, não fico ali sentado reclamando que o aeroporto está lotado – de que adianta? Em vez disso, fico lendo, aprendendo alguma coisa. Isso mantém minha mente afiada e minha atitude no rumo certo. Porém, mais importante do que essas duas coisas, isso aumenta minha criatividade. Repetindo: quanto mais você sabe, mais valor você tem.

Sonhos

Meu primeiro sonho foi comprar o carro usado pertencente a Fred Shirley, que era o carteiro rural da cidadezinha onde cresci, no Mississippi. Eu queria ser dono daquele carrinho, estaria na concessionária da Chevrolet quando ele decidisse vendê-lo. E, quando tirasse minhas férias de uma semana, entraria no carrinho para dirigir por três dias até onde fosse possível chegar. Em seguida, daria meia-volta e retornaria, porque deveria estar na igreja no domingo – minha mãe exigia, e de qualquer modo eu queria. Foi esse o meu primeiro sonho.

Meu segundo sonho era ter um açougue, porque um sujeito que tinha um açougue na cidade disse que me ajudaria a iniciar o negócio e que ele ganhara mais de cinco mil dólares no ano anterior. Bem, isso na década de 1940 era um bocado de dinheiro. Depois, tive a ideia de entrar para a Força Aérea Naval. Meu sonho era me alistar. Porém, as chances de isso acontecer eram de vinte contra uma.

Lutei contra as probabilidades. Eu me alistei e, como resultado, eles me puseram na universidade. A guerra acabou; se não fosse isso, eu jamais teria visto uma faculdade por dentro.

Como consegui? Por causa da minha professora. Ela veio me ensinar em casa quando tive que ficar de cama e faltar quatro meses ao colégio. Ela me deu aulas, ajudou a me recuperar depressa e me deu tarefas para fazer. Se ela não tivesse feito isso, eu teria perdido o primeiro ano e teria sido recrutado direto do Ensino Médio para a Segunda Guerra Mundial. Jamais teria conhecido uma faculdade.

Também não teria realizado o meu sonho seguinte, que era ser o número um em vendas, depois que comecei minha carreira nesse ramo.

Meu sonho agora é muito modesto. Quero influenciar a mudança na vida pessoal, familiar e profissional de muitas pessoas, para fazer uma diferença positiva no mundo. Bem presunçoso, diria a maioria. Sim, mas o espantoso da tecnologia moderna é que podemos dar a volta ao mundo imediatamente. Minhas palavras foram traduzidas em 38 línguas, e vendemos mais de seis milhões de livros e milhões de fitas cassete – estamos tornando esse sonho realidade.

NÃO É PRECISO COMEÇAR COM UM GRANDE SONHO, MAS É PRECISO UM SONHO PARA COMEÇAR.

Um alicerce de sonho

Quando você tiver o seu sonho, precisa alicerçá-lo. T. E. Lawrence colocou essa questão da seguinte maneira: "Todo mundo sonha, mas não de modo igual. Aqueles que sonham à noite, nos recessos poeirentos de sua mente, acordam de dia e acham aquilo tudo uma inutilidade; no entanto, os sonhadores diurnos são homens perigosos, porque podem agir de olhos abertos nos seus sonhos, para torná-los possíveis". Não é preciso começar com um grande sonho, mas é preciso um sonho para começar.

Ben Feldman é reconhecidamente o maior vendedor de seguros de vida que já existiu. Ele morava em uma grande cidade: East Liverpool, Ohio. No início de sua carreira como vendedor, lutava para vender apólices de cinco mil dólares. Então, um dia teve um pequeno sonho e resolveu acrescentar um zero a essa quantia: começou a falar de apólices de cinquenta mil dólares. E seu sonho se tornou realidade. Em seguida, teve mais um sonho de vendas, com o acréscimo de mais um zero – apólices de quinhentos mil. E fez isso. Sonhou. Sonhou acrescentar mais um zero e começou a vender apólices de seguro de meio milhão de dólares em um dia – e, depois, apólices de cinco milhões de dólares – e fez!

Um dia, ele disse: "Imagine, olhe o sonho impossível que eu tenho. Imagine se eu acrescentar mais um zero". E ele vendeu apólices de seguro de cinquenta milhões de dólares. *Os sonhos crescem à medida que você cresce.* Essa é a razão pela qual o crescimento é tão importante.

Martin Luther King Jr. declarou: *Jamais desista de um sonho porque ele demora a se tornar realidade.* O tempo passará de todo modo. Os sonhos são importantes. Por que não há mais gente que percebe isso?

Perdi peso alguns anos atrás e mantive a forma. Mas percebi que, literalmente, centenas e centenas de pessoas conhecidas começavam dieta e exercícios extremamente animadas. Elas contavam a todos os seus amigos, parentes e completos desconhecidos como se sentiam bem e como era bom se sentir vivas. Mas eu acabava reencontrando essas pessoas dois anos depois, sem que estivessem entusiasmadas nem alegres – e o excesso de peso voltara. Isso me deixou perplexo por muito tempo, mas um dia soube de um estudo, quando estava absorto na universidade automotiva, feito pela Universidade de Stanford, que dizia o seguinte: 95% das pessoas que ouvem, compreendem e concordam com algum princípio não têm a capacidade de aplicá-lo a suas próprias vidas, por não possuírem os meios necessários.

Livros, áudios e seminários são os meios. Mas a barulheira do dia seguinte abafará muita coisa que você ouviu hoje. Os problemas futuros que encontraremos na vida cotidiana irão destruir muita coisa da emoção que existe quando ficamos animados por alguma nova experiência. Por que friso tanto a universidade automotiva? Porque ela nos mantém abastecidos; é alimento para o cérebro. Lembra dos anúncios engraçados de televisão estrelados pelo coelhinho da Duracell? Ele vai e vai e continua a ir. Funciona com pilhas que um dia *perderão* a carga.

Plano de ação

A questão é que nós, seres humanos, temos uma bateria entre as orelhas, identificada como cérebro ou mente, que *não* descarrega se continuarmos a alimentá-la. Esse é um dos meus objetivos. Sempre falo com as pessoas, direta ou indiretamente, que meu objetivo é fazê-las agir. Quando você tiver acabado de ler este livro, se o que disser for só "Bem, foi legal; a sensação que tenho é de calor e bem-estar", então não terei cumprido meu objetivo. Afinal de contas, você pode ter uma sensação de calor e bem-estar depois de tomar banho. Quero encorajar você a compreender que, se não seguir adiante e tomar uma iniciativa, vai ficar decepcionado consigo mesmo.

SE VOCÊ NÃO SEGUIR ADIANTE E TOMAR UMA INICIATIVA, VAI FICAR DECEPCIONADO CONSIGO MESMO.

O que é um plano de ação e por que é importante? Deixe-me ilustrar a sua importância com um caso verdadeiro. Quando era um jovem gerente de vendas, tive uma pequena ideia. Pedi aos meus vendedores que me escrevessem uma carta por dia. Já que perdemos tanto tempo e não sabemos em quê, encorajei-os a manter um diário e mandá-lo para mim. Por exemplo: "Acordei hoje às seis e meia e depois eu...", seguindo com uma listagem das coisas que haviam feito depois. Eles descobriram que por cerca de três horas, em segmentos de cinco, dez, quinze e vinte minutos, as pessoas não faziam absolutamente nada.

Como resultado de monitorar suas atividades durante o dia, os que prosseguiram e tomaram uma iniciativa venderam mais que o dobro de quem não o fez. É um fato absoluto que as pessoas que iniciam uma dieta ou entram em um programa de atividade física perdem peso mais rápido e conservam a forma por mais tempo se mantiverem um registro diário do que comeram e fizeram.

Isso é tão verdade para o pessoal de vendas quanto para quem quer perder peso. É verdade para todo mundo que deseja subir a escada que leva ao topo. Lembre-se apenas de que o mais difícil é abandonar a turma que ficou embaixo. Você começa a se livrar dessa turma quando toma a iniciativa de manter um diário. Se você escrever nele todos os dias, se registrar o que fez, o impacto que causou nos outros, como melhorar o que faz, a sensação que você tem quando ajuda o outro, quão satisfeito ficou com os esforços que fez naquele dia, você subirá ao topo.

Falo sobre a véspera das férias e menciono que as pessoas no mundo inteiro conseguem fazer mais coisas porque, na noite antes dessa véspera, elas planejam o que vão fazer no último dia antes das férias. Você não só planeja o que fará naquele dia como precisa ter um plano de atividades para cada dia. Desse modo, você assume a direção da própria vida e consegue realizar muito mais.

Não tenho como dar mais ênfase a isso. Você precisa de um diário; precisa registrar o seu tempo. Não há necessidade de se alongar, escreva apenas os pontos significativos, citando especialmente quaisquer elogios que receber dos outros, e quando tiver encorajado alguém.

O próximo passo no plano de ação é escrever sua definição do sucesso com base no que esteve lendo neste livro, e como você mudou de x para y, ganhando relevância nesse processo. Pensando nisso, reflita sobre a pergunta: se eu morrer amanhã, essa definição de sucesso me deixaria com a sensação de que minha vida foi bem-sucedida? Você pode pensar que essa é uma pergunta pesada se tiver 25 anos de idade. Bem, meu amigo, é um fato estabelecido que todos nós vamos morrer. Então, pense a respeito com toda seriedade:

Se eu fosse morrer hoje, sentiria algum arrependimento?

- Você teria arrependimento sobre a vida que levou e as coisas que conseguiu fazer?
- Você atingiu verdadeiramente os seus objetivos?
- Você está a caminho de alcançar os objetivos que planejou?
- Ao alcançar esses objetivos que você definiu como sucesso, isso realmente preencheu todos os requisitos?

Examine-se com cuidado:
- Você está feliz?
- Você é saudável?
- Você se sente ao menos razoavelmente seguro e próspero?
- Você tem amigos, paz de espírito, boas relações familiares e espera que o futuro seja ainda melhor?
- Você ama as pessoas e é amado?

Quando você for capaz de dizer sim a essas perguntas, então, amigo, poderei afirmar que você realmente alcançou o que importa. Isso significa simplesmente que precisa passar por todas as situações. Precisa tocar o físico, o mental e o espiritual para chegar ao sucesso completo. Precisa lidar com sua vida pessoal, sua vida familiar e sua vida profissional. Sim, sua vida financeira também vai constar aí.

Quando você olha para o plano, na sua totalidade, vai notar essa pequena coisa chamada sinergia – e, ao juntar tudo isso, as coisas funcionam juntas. Sua vida está em harmonia. É quando as boas coisas acontecem. É quando você alcança a relevância – é quando você usufrui da sua visão privilegiada.

VOCÊ PRECISA TOCAR O FÍSICO,
O MENTAL E O ESPIRITUAL
PARA CHEGAR AO SUCESSO COMPLETO.

Não é preciso começar com um grande sonho, mas é preciso um sonho para começar.

7

IMAGINAÇÃO E MOTIVAÇÃO

Você está no topo quando compreende que os outros podem lhe dar prazer, mas a verdadeira felicidade surge quando você faz coisas para eles.

Sempre me espanto quando descubro que muita gente acha que, só por não ser empregado de alguma empresa, é incapaz de fazer qualquer diferença na vida das pessoas. Gente que só reclama das coisas chatas que precisa fazer. O que vem a seguir são dois exemplos que, creio eu, amarram as pontas do que você vem aprendendo ao longo da leitura deste livro.

Há anos, digo que aquilo que você faz *fora* do trabalho é o que determina até onde você avança *no trabalho*. É muito importante o modo como você se comporta nessas dezesseis horas. Você está se cuidando física, mental e espiritualmente? Tem certeza de que sua família está incluída no seu plano de vida? Está aprendendo coisas fora do trabalho? Quando você está *fora* do trabalho é que aprende coisas úteis *para o* trabalho.

Se você realmente não gosta do seu trabalho, o que me diz do sujeito que está encarregado desse trabalho? O que o impede de obter a instrução, experiência e orientação que lhe possibilitariam subir na escada? Esse é um fator que você precisa levar em absoluta consideração.

Por exemplo, fico muito irritado com os atletas, astros de cinema e TV que fazem pouco dos fritadores de hambúrguer que trabalham nos lugares em que eles jogam, ou seja lá onde for. Sou um entusiasta dos chapeiros e de todos os empregados da indústria de fast-food. Em primeiro lugar, eles aprendem a ter responsabilidade, precisam chegar pontualmente. Aprendem a tratar os fregueses com respeito e cortesia. Aprendem a trabalhar com algumas máquinas de alta tecnologia. Aprendem a ser simpáticos. Aprendem o que é ganhar seu próprio dinheiro e tratam esse dinheiro de modo bem diferente de quando o recebem dos pais.

O resto da história é que muitos deles se habilitam a ter um carro novo, a receber bolsas para universidades, e muitos sobem na escada. Conheço pessoalmente rapazes e moças que, aos 22 ou 23 anos, estão dirigindo carros de luxo só de fritar esses hambúrgueres. Eles agora são gerentes que ganham cinquenta ou até oitenta mil dólares por ano. *Onde você começa não faz diferença; isso não importa. O importante é para onde você vai.* E pouco me importa qual é o emprego; se você tomar a atitude de aproveitar de algum modo o trabalho e seu tempo fora dele para se aperfeiçoar, então você será efetivado naquela empresa ou receberá alguma oferta melhor de outra pessoa.

NÃO FAZ DIFERENÇA ONDE VOCÊ COMEÇA.
O IMPORTANTE É PARA ONDE VOCÊ VAI.

Fui criado durante a Depressão, e, naqueles dias, os estoques estavam sempre vazios, porque os dólares eram muito raros.

As mercearias literalmente emprestavam comida umas às outras, por exemplo, os itens enlatados. Eu trabalhava como "correio". Quando a mercearia não tinha comprado o suficiente para abastecer o estoque porque o dono estava com pouco dinheiro, eu corria até outras mercearias e pegava emprestado o que precisávamos. Em outra mercearia, trabalhava como correio um rapaz chamado Charlie. Ele vinha muitas e muitas vezes até o nosso comércio para pedir ao dono o que ele precisava. Enquanto Charlie ia buscar os artigos, o dono fazia o recibo. Charlie rabiscava sua assinatura nele e saía correndo. Um dia, perguntei ao dono por que Charlie corria tanto e ele respondeu:

– Ele está se esforçando para ter um aumento. E vai conseguir!

– Verdade? – perguntei. – Como o senhor sabe que ele vai ter um aumento?

– Bem – disse meu patrão –, eu sei que ele vai conseguir um aumento porque, se o patrão dele não der, eu vou empregá-lo e dar o aumento a ele.

Muitos anos depois, quando eu dava uma palestra na Universidade Estadual do Mississippi, contei esse caso e, quando a palestra acabou, um sujeito se aproximou de mim. Era Charlie. Em virtude de ter conservado o hábito de dar duro e fazer absolutamente tudo da melhor maneira possível, conseguiu se aposentar com 55 anos, rico. Depois de aposentado, empregava seu tempo em iniciativas de caridade e em ajudar os outros a ter sucesso.

Meu amigo, não me importa onde você começou, porque você ainda poderá ter relevância. Ainda será possível usufruir da visão privilegiada.

Motivação

Adoro este caso das duas esquiadoras. Elas estavam quase empatadas na competição – uma estava milímetros à frente da outra. E então uma delas caiu. Por isso, a outra pensou que fosse cruzar primeiro a linha de chegada. Mas em seguida ela também caiu. A esquiadora que caíra primeiro, desceu o morro e ganhou. Alguém disse à perdedora: "Pena que você perdeu; ela é mais rápida". "Não", respondeu a jovem, "ela não é mais rápida; apenas se levantou mais rápido." É isso que faz a diferença.

Ser derrubado faz parte da vida. O tempo que você fica caído no chão é determinado pelo tamanho de seu empenho e pela intensidade de sua energia. Por isso é tão importante não parar nunca de adquirir novas informações. É mais seguro e fácil realizar um sonho quando a vida está equilibrada. Se estivermos preocupados com o que está acontecendo em casa e depois de chegar lá ficarmos preocupados com o que está acontecendo no escritório, não teremos um bom desempenho em lugar nenhum. Nossa vida não estará equilibrada. O resultado é que acabamos enfrentando uma porção de dificuldades – e é mais fácil resolver os problemas rapidamente quando a vida está equilibrada.

SER DERRUBADO FAZ PARTE DA VIDA.
O TEMPO QUE VOCÊ FICA DEITADO NO CHÃO É
DETERMINADO PELO TAMANHO DE SEU EMPENHO
E PELA INTENSIDADE DE SUA ENERGIA.

Minha esposa e eu temos um relacionamento equilibrado. O que torna essa relação equilibrada? Primeiro, você coloca essa pessoa em primeiro lugar. Em seguida, faz algo para sua esposa ou marido todo dia, coisas que ele mesmo ou ela mesma podem fazer sozinhos. Duas coisas simples. Nos quase 55 anos de nosso casamento e nos dois anos, doze meses e onze dias de namoro, ela não chegou a abrir a porta do carro sequer uma dúzia de vezes. Sempre que dou a volta no carro e abro a porta, me vem à cabeça que ela é a pessoa mais importante no mundo para mim. Ali está a pessoa que eu amo acima de todas essas coisinhas que ficam surgindo para prender minha atenção.

Anos atrás eu parei de levar dinheiro na carteira. Simplesmente dobrava as notas e enfiava no bolso. À noite, eu costumava colocá-lo em cima da bancada do banheiro. Ela começou a contar meu dinheiro, e, se achasse que tinha pouco para cobrir despesas extraordinárias em minha próxima viagem, sempre me arranjava mais. Ora, isso não é grande coisa, mas o que expressa resume tudo. Diz o seguinte: "Meu amor, eu o amo muito. Você é muito importante para mim. Eu me sinto melhor sabendo que, se houver qualquer emergência e você precisar de dinheiro, não vai ficar constrangido, retido ou até mesmo em perigo". Dar preferência ao outro faz uma enorme diferença.

Minha esposa é conhecida carinhosamente como a Abraçadora Feliz. Se perceber alguma coisa se movendo, vai parar para abraçá-la. Se não estiver se movendo, vai tirar a poeira e vender. Nossa média de abraços varia de dez a trinta vezes por dia, para dizer apenas: *estou contente que você seja minha, ou meu, e eu amo tanto você. Você é especial.* Não dá para dizer o que a presença dela significou para mim durante os primeiros 27 anos do nosso casamento. Ficamos com o telefone cortado, sem luz, tive que devolver um carro porque não podia pagar por ele. Quando nasceu nosso primeiro filho, não conseguimos nem que ela deixasse o hospital – a conta era de 64 dólares.

Tive de sair e fazer duas vendas para levar nosso filho para casa. Durante um período de cinco anos, me meti em dezessete negócios, foi esse o total. Nenhum deu resultado.

Durante esses anos todos, não houve sequer uma vez em que minha esposa dissesse: "Amor, seria muito bom se tivéssemos mais dinheiro, se tivéssemos um pouco mais de estabilidade financeira". Ela nunca disse nada disso. Sempre dizia: "Você consegue. Amanhã será melhor. Eu o amo e confio em você". Não dá para dizer o que significava ter uma torcedora me animando todo dia e rezando por mim toda noite.

Você não estaria lendo este livro se não fosse o fato de nós estarmos em sintonia. Ela embarcou no meu sonho de fazer o que faço agora. Tive o sonho em 1952, mas foi só em 1972 que minha carreira de palestrante decolou. Levou muito tempo, e precisei de muita ajuda no caminho.

Precisamos compreender por que o equilíbrio é tão importante. Pense neste fato: se todo o ouro do mundo fosse derretido e transformado em um cubo sólido, teria o tamanho de uma casa de oito quartos mais ou menos. Porém, todos esses bilhões de dólares não seriam suficientes para comprar um amigo de verdade, caráter, paz de espírito, consciência limpa e o sentimento da eternidade.

Com base no fundamental

Como é que você cria a imaginação que faz todas essas coisas acontecerem? Primeiro, você precisa se basear nos fundamentos da profissão que escolheu. Por exemplo, os estudantes asiáticos de matemática são infinitamente melhores que os estudantes americanos quando chegam ao curso superior. São melhores por serem extremamente embasados no que é fundamental. Por exemplo, você pode acordar um estudante de matemática às três da manhã e perguntar: "Quanto é dezessete vezes vinte e três?" – e pronto, o aluno vai te dar a resposta a jato. Estão tão embasados nos fundamentos que, ao chegarem ao nível abstrato, a coisa é fácil.

Michael Jordan é reconhecidamente um dos maiores jogadores de basquete da história. Ele dá passes e faz cestas que ninguém jamais conseguiu fazer. Por que consegue fazer isso? Para começar, tem uma condição física impecável, ninguém pode negar. É fato incontesta que ele é um excelente atleta. Mas também precisamos compreender que ele é um dos jogadores que mais se esforça nos treinos. Ele dribla extraordinariamente bem, dá passes pelas costas, entre as pernas, se posiciona com muita mobilidade nas mais diferentes situações. Ele nunca tem exatamente a mesma pontuação, com exatamente os mesmos companheiros de equipe e exatamente as mesmas oportunidades de jogo. Ele sempre teve diante de si oportunidades diversas.

É aqui que entram em jogo seu atletismo, sua imaginação e seu sonho. O fundamental e o embasamento constituem os princípios de que falo; o aprendizado constante é o que faz a diferença. Thomas Edison é famoso por ter feito milhares de tentativas até finalmente inventar a lâmpada elétrica. Logo depois, Edison foi indagado por um repórter: "Como se sentiu depois de ter fracassado milhares de vezes nesse processo?". Edison respondeu: "Meu jovem, eu não fracassei milhares de vezes. Completei com sucesso essas experiências e aprendi o que não dava certo".

Ele acrescentou informação nova ao que sabia antes e foi assim que criou a lâmpada elétrica.

Isso é muito importante. Há diversos médicos entre meus amigos que me dizem ter aprendido 95% de todos os problemas de saúde que irão encontrar profissionalmente durante os três primeiros anos do curso de medicina. No entanto, continuam a estudar por mais um ano, entram na especialização e continuam a se aperfeiçoar. Na verdade, eles poderiam resolver 95% dos problemas com apenas três anos de curso. Ao continuar, querem ser capazes de tratar os casos raros, três em um milhão, que surgem. É aqui que a imaginação, alimentada por toda a experiência e conhecimento que conquistaram, entra em jogo. Esses são os grandes médicos que descobrem soluções criativas.

Hábitos destrutivos

Um comentário aleatório às vezes deslancha sua imaginação e provoca o surgimento de ideias, se você estiver realmente afinado com seu objetivo. Eu como, durmo e sonho ensinando e dando palestras. Meu objetivo é simplesmente encorajar e levantar o ânimo dos outros. Por isso, na maioria das vezes, tudo que vejo, leio ou ouço pode ser pinçado e usado como exemplo prático. Por exemplo, na última vez que cortei o cabelo, Bob, que é meu barbeiro há mais de trinta anos, recebeu um telefonema. Ele atendeu e, depois de um minuto de conversa, desligou o aparelho e comentou: "Esse sujeito quer trabalhar para mim, mas fuma e eu não vou contratá-lo".

Eu disse: "Que bom. Não quero vir cortar o cabelo e sair daqui fedendo a fumaça".

Bob respondeu: "Ah, ele não iria fumar na barbearia. Mas o problema com o fumante é que, quando dá vontade de fumar e há alguém sentado na sua cadeira, a cabeça dele está lá fora fumando e não no corte de cabelo do freguês. Quero gente que se concentre o tempo todo nas pessoas a quem deve servir".

Qual a utilidade dessa conversa para mim? Há anos que me interesso pela questão do vício. E descobri que os viciados tendem a se tornar autocentrados de modo muito evidente. É raro encontrar algum viciado que não tenha sérios problemas de relacionamento. Os relacionamentos que criamos nos tornam mais eficazes – se não tivermos algum hábito destrutivo que desvie nossa atenção do nosso projeto.

A imaginação também pode ser muito destrutiva. Nos 24 anos em que tive sobrepeso, perdi centenas de quilos. Eu perdia e depois ganhava peso, durante 24 anos. Finalmente, compreendi meu problema quando minha filha caçula tinha três anos e eu lhe disse para me chamar de "gordinho". Não importava quanto peso eu perdesse, eu achava que precisava mudar completamente a imagem mental que tinha de mim mesmo. Minha filha de três anos achava que estava agradando o pai; achei graça. Mais tarde percebi que era trágico.

Então o que eu fiz? Comecei uma rotina de exercícios e alimentação equilibrada; mas já tinha feito isso antes. Só que dessa vez criei a imagem de um sujeito magro de calção. Toda vez que entrava no banheiro e via esse sujeito, eu dizia mil vezes por dia: "É assim que vou ficar! Ficarei igual a esse cara". Mudei minha imagem mental, e isso foi há trinta anos. Sou uma pessoa saudável, magra, porque sonhei ser assim.

Minha imaginação começou a trabalhar – e dei os passos que fizeram a coisa acontecer. Perdi aqueles dezessete quilos, perdendo uma média aproximada de 55 gramas por dia, todo dia dos dez meses. O peso nunca mais mudou. Hoje, eu como tudo o que quero, sem problema. Agora, uma das coisas que descobri durante esse processo é que, se eu abandonasse o açúcar, o resto seria extremamente fácil. Por isso deixei de comer açúcar – nada de biscoitos, bolos, sorvetes. Sou um viciado em doces, porém há muitas coisas que quero fazer e preciso de saúde para fazê-las. Quero ser ativo durante toda a vida, se for humanamente possível. Quero avançar a toda velocidade, com a cabeça bem aberta, fazendo tudo que eu puder fazer. *Usar a imaginação faz diferença.*

Os sonhos viram verdade

Meu sonho de ser palestrante nasceu em 1952, depois que ouvi um apresentador. Nunca vi ninguém se divertir tanto e fazer tanto bem quanto ele, e naquela noite resolvi ser palestrante. Minha esposa e eu nos aproximamos dele depois do seminário e o levamos para jantar. Lembrem-se de que é muito importante deixar que os outros nos ensinem. Ele me informou sobre alguns passos que eu precisava dar e, daquela noite em diante, esse sonho não saiu da minha cabeça.

Durante os anos seguintes, antes de conseguir uma única apresentação paga, eu tinha feito, literalmente, milhares de discursos – na minha própria cabeça. Eu me via diante de uma plateia. Via gente sentada ali com os olhos arregalados por causa daquelas incríveis palavras de sabedoria saídas dos lábios de um simples mortal. Quando eu fazia uma piada, o público rolava de rir nos corredores. Ninguém jamais tinha visto ou ouvido algo igual ao que eu dizia.

O que é bonito sobre a imaginação é que você pode levá-la consigo para onde quiser. Essa é a razão pela qual vivo dizendo: *garanta que a informação recebida seja positiva, para que a imagem seja positiva e os resultados sejam positivos.* E chegou a hora em que meu sonho se tornou realidade e minha carreira decolou. Sua imaginação é muito importante. Seus sonhos são muito importantes.

Conheci um rapaz quando ele e eu estávamos palestrando para o Departamento de Defesa, em Colorado Springs, muitos anos atrás. Havia executivos das quinhentas maiores empresas escolhidas pela revista *Fortune*, o secretário de defesa e mais gente importante do que eu já havia visto na vida. John, um estudante universitário, se levantou e fez a palestra com autoridade e convicção. Nós ficamos amigos e eu passei a trabalhar com ele na sua carreira de palestrante. Ele dá palestras no mundo inteiro, esquia, é pintor retratista, dirige o próprio carro, mora em uma casa de três andares, frita os próprios ovos – e o motivo de eu ter citado tudo isso é que ele nasceu sem braços.

John me disse uma vez: "Você sabe que, ainda que eu tivesse os braços mais longos e fortes deste mundo, mesmo assim eles só poderiam alcançar um tanto e levantar outro tanto. Porém, todo dia me deparo com mais situações que pedem que eu use a imaginação criativa do que a maioria das pessoas encontra em um mês. Deus já pôs tudo na balança".

E agora vem a parte interessante: como algo tão pequeno provocou algo tão importante. Seus pais ficaram desolados quando o filho nasceu. Ficaram pensando: o que ele será capaz de fazer? Como vamos poder ajudá-lo? Um dia, eles notaram algo excepcional. Quando ele tinha menos de um ano – cerca de oito a dez meses de idade –, estava sentado em uma mesa, e ao lado dele havia um palito. Ele esticou os dedos do pé, pegou o palito, mergulhou-o no açucareiro e o colocou na boca. Seus pais ficaram loucos de alegria! A esperança nasceu ali naquele momento. Acharam que, se a criança podia fazer tudo aquilo naquela idade, poderia aprender a fazer muitas outras coisas. Nascera um sonho em torno dele. E então John herdou esse sonho.

Por que a imaginação é importante, e como estimulá-la? Continue a aprender e a estudar, a ouvir e a perseverar. Quando tiver um grande sonho, em vez de dizer "de modo algum", diga "sou capaz de fazer" e comece a investigar as maneiras de realizá-lo.

QUANDO TIVER UM GRANDE SONHO, EM VEZ DE DIZER "DE MODO ALGUM", DIGA "SOU CAPAZ DE FAZER" E COMECE A INVESTIGAR AS MANEIRAS DE REALIZÁ-LO.

Sua melhor tacada

Tenho um livro chamado *Secrets Closing the Sale* [Os segredos da arte de vender]. Há uma parte dele intitulada "A essência da venda" que tem 71 páginas. Eu vendo coisas desde os oito anos de idade. Nas ruas de minha cidade natal no Mississippi, vendi jornal, verduras e por aí vai. Devido ao ato de vender e com a experiência adquirida durante a vida inteira, eu tinha um acervo imenso de informação sobre vendas quando escrevi o livro. Lembre-se: quanto mais preparado e mais fundamentado você está na sua atividade, mais valiosa se torna a nova informação.

Eu o aconselho a estudar sua profissão. Qualquer que seja sua opção, aprenda sobre ela todos os detalhes que puder. As pessoas que não acreditam nos sonhos dirão: "Ei, essa pessoa realmente sabe do que está falando!". Faço muitas palestras e falo muito sobre isso. Já dei uma mesma palestra centenas de vezes no mundo todo. Quando me apresentei para a Hewlett Packard, usei 90% do material que havia empregado centenas e centenas de vezes antes. É claro que o adaptei às necessidades deles e ajustei a informação que eu tinha para aplicá-lo com exatidão ao que eles fazem. Antes, conversei uma hora pelo telefone com eles para compreender o objetivo que esperavam de mim.

Para uma palestra normal, que já dei centenas de vezes, ainda levo de três a cinco horas preparando a apresentação. Por que faço isso? Primeiro, acho arrogante quando o palestrante se apresenta e diz: "Bem, já fiz isso tantas vezes que sei tudo de cor. Assim é fácil". Eu elaboro o tema porque há muita coisa em jogo. Nós temos a responsabilidade de fazer absolutamente o melhor que pudermos. Não deixo nada de fora porque sei que um dia aquela será minha última palestra. Não quero olhar para o passado e pensar que poderia ter feito melhor. Apesar de nem sempre estar na minha melhor forma, procuro sempre dar o melhor de mim.

O sono mais doce do mundo é poder me deitar de noite, depois de me olhar no espelho, e dizer: "hoje dei minha melhor tacada". Deus já nos deu tanta coisa – habilidade, experiência, chance –, que precisamos capitalizar esses dons com nossos sonhos, imaginação, dedicação e coragem. Você precisa integrar toda essa informação e usá-la em benefício dos demais, compreendendo que pode ter realmente tudo que quiser nesta vida – se simplesmente ajudar os outros a obter o que eles querem. Você terá muitos amigos; pode acabar sendo mais saudável e feliz, mais próspero e seguro, gozando de mais liberdade e paz de espírito – com a esperança de que o futuro seja ainda melhor.

> NÓS TEMOS A RESPONSABILIDADE DE FAZER ABSOLUTAMENTE O MELHOR QUE PUDERMOS.

Se fizer tudo isso, você não só amará como será amado, porque será a pessoa certa a fazer a coisa certa – e sua visão privilegiada se aperfeiçoará o tempo todo. Aja conforme suas ideias e sonhos, porque, quando o fizer, poderei dizer em definitivo: "Bem-vindo ao topo! Que magnífica vista... e veja quanta gente você trouxe consigo!".

E você vai sorrir e dizer: "Tive uma vida rica e plena".

8

SUA MISSÃO
NA VIDA

Você tem uma visão privilegiada quando faz as pazes com os adversários e conquista amor e respeito daqueles que lhe são próximos.

A missão que temos na vida é de extrema importância. Sem dúvida, é a coisa mais importante que podemos fazer durante nossa existência. Ao longo dos anos, milhões de pessoas têm feito coisas memoráveis sem definir qualquer missão – na verdade, essa expressão não era sequer conhecida até relativamente pouco tempo atrás. É importante investigar qual é sua missão na vida, o que você quer de verdade e, então, determinar o que é fundamental.

Minha própria missão mudou ao longo dos anos. Porém, a nova definição de missão, que minha empresa adotou, permitiu que as coisas funcionassem mais eficiente e significativamente. *Nossa missão é ser um agente transformador na vida de pessoas, famílias e profissionais, a ponto de termos um impacto significativo no mundo.* É uma missão bastante ambiciosa. Na verdade, até um pouco presunçosa.

Na época em que começamos a colocar em prática essa missão, erámos muito menores e tínhamos poucas obras – livros, gravações etc. – lançadas. Mas, desde então, como já mencionado, nosso trabalho foi traduzido para 38 línguas e dialetos diferentes, vendemos mais de seis milhões de livros e dei palestras em grandes auditórios para aproximadamente seis milhões de pessoas. Além disso, é impossível calcular quantas pessoas ouviram as fitas que compraram e compartilharam com outros indivíduos. Chegamos a um nível de projeção mundial – e agora, com a internet, podemos levar a mensagem de esperança, ânimo e entusiasmo a inúmeros países.

Quando se tem essa ampla perspectiva que está presente no termo da nossa missão, é possível começar a definir os elementos que farão a pessoa se sentir mais à vontade, confiante, produtiva e eficiente – a fazer o bem para um número muito maior de indivíduos. A missão precisa ser desafiadora para você. Deve levá-lo a ter um papel significativo na vida. Tem de ser algo em que você acredite fervorosamente; que você não encare simplesmente como missão própria, mas seja possuído por ela.

Pense em um homem como o dr. Billy Graham. Quase todo mundo conhece esse nome. A missão dele se definiu cedo. Era absolutamente autêntico e comprometido com ela até o dia em que morreu, aos 99 anos. Embora sua saúde tenha se deteriorado nos seus últimos anos, toda vez que se levantava para realizar sua missão de pregar o evangelho, suas mensagens adquiriam também nova força e autoridade. Próximo do fim, ele precisava de ajuda para subir ao palco, mas ainda assim havia força em sua voz. Ele tinha uma missão – e a missão o possuía.

Identificando sua missão

Para descobrir qual é sua missão, pense nas suas aptidões naturais. O que você gosta de fazer? Em que você acredita fervorosamente? Sobre qual assunto você não consegue parar de falar? É preciso que você fale, escreva e pense sobre isso. Quando algum assunto específico obedece a essas características, você começa a perceber qual é sua missão na vida.

Não se sinta desanimado caso não consiga escrever exatamente e logo de primeira o que sente. Ao estudar a definição de nossa missão, não pensei nela apenas sozinho; vários outros membros importantes de nossa equipe participaram. Fazíamos um *brainstorming,* levantando questões como: qual é a missão? O que ela significa? Como vamos realizá-la? Inicialmente, estávamos mais interessados em definir a missão, e depois esquematizamos uma estratégia para colocá-la em prática. Foi esse o processo pelo qual passamos e que seguimos até hoje.

Uma ideia leva à outra; uma vitória nos enche de entusiasmo e nos convence a dar o próximo passo.

Esse primeiro passo é necessário. Você precisa pegar papel e caneta e começar a pensar com calma sobre o que quer fazer. Qual é sua missão? Você pode refletir sobre isso enquanto caminha, com a mente e o coração tranquilos. Você pode estudar essa questão ao acordar pela manhã e à noite antes de dormir. Ao agir desse modo, a descoberta de sua missão torna-se crucial para você, e essa paixão o domina. Quando se é arrebatado pela paixão, quando a missão começa a desabrochar na sua mente a ponto de poder articulá-la, ela se torna realidade na sua cabeça.

QUANDO VOCÊ ARTICULA TODOS OS COMPONENTES DA SUA MISSÃO, TEM UM NOVO ENTUSIASMO, UM NOVO COMPROMISSO E UMA NOVA CONVICÇÃO NA VIDA.

Depois de ter estabelecido sua missão e articulado os seus termos, você precisa começar a examinar cada aspecto de sua vida. Pergunte-se:

- Consigo fazer isso de forma consistente na minha vida pessoal, familiar e profissional?
- Isso vai funcionar nos aspectos físicos, mentais e espirituais da minha vida?
- Quais serão os resultados financeiros?

As finanças são importantes. São uma das principais causas de muitos divórcios; as brigas por causa de dinheiro são muitas. Precisamos armar uma estratégia para responder a todas essas perguntas, para eliminar qualquer tipo de situação destrutiva.

Ao juntar todos os componentes da sua missão, você descobre um novo entusiasmo, um novo compromisso e uma nova convicção na vida; desse modo, torna-se capaz de se dedicar completamente. Isso é importante! Depois que um saltador em altura havia quebrado um recorde mundial, alguém perguntou como ele conseguira. Ele respondeu: "Foi bem simples. Eu arremessei meu coração sobre a barra, e o resto veio atrás". Dedique-se por completo – o resto virá em seguida, e então você alcançará um sentido na vida. Definir a missão é de extrema importância. Junte as partes. Então você poderá afirmar que sabe que a vista do topo é realmente bela.

Em sua homenagem

Uma boa maneira de começar a definir o termo de sua missão é se fazer a seguinte pergunta: que louvor fúnebre ou homenagem você gostaria de receber quando morresse? Se conseguir articular isso em sua mente, você terá dado um importante passo na definição de sua missão.

Eu gostaria que a pessoa que estivesse proferindo o discurso de homenagem dissesse: "Zig não faria nada diferente do que fez". Anos atrás, ouvi uma senhora dizer algo muito sensato e tomei essa frase emprestada. Perguntaram a ela o que mudaria na sua vida se pudesse vivê-la toda de novo. Ela disse: "Eu não mudaria nada, porque, se mudasse, não estaria na situação em que estou. Eu realmente gosto da situação em que me encontro". Eu me sinto exatamente assim. Embora tenha cometido muitos, muitos e muitos erros, todos fizeram parte do projeto da minha vida. Se eu mudasse qualquer coisa, poderia não estar na situação em que estou agora, e, como costumo dizer, eu realmente gosto de onde me encontro.

Posso dizer isso porque tenho certeza do lugar para onde vou depois do meu último suspiro aqui na Terra. Fiz a melhor jogada que podia fazer. Peguei as aptidões que me foram dadas por Deus e trabalhei duro para utilizá-las, desenvolvê-las, melhorá-las e improvisá-las. Francamente, posso lhe dizer que amo minha família e os outros. Dei o que tinha de melhor como contribuição positiva para a sociedade, fazendo o que é certo – compreendendo que as outras pessoas são fundamentalmente importantes, não apenas para o sucesso em qualquer empreitada, mas também para aproveitar nossa vida, e para fazer nossa alegria e felicidade.

Eu não mudaria nada. Acredito que as pessoas desejam ser tratadas com respeito e dignidade. Elas querem alguém que possa servir de inspiração para elas – e não alguém que as menospreze. Creio que um elogio fúnebre deva conter essas coisas. É isso o que desejo ter no meu.

Acredito que, quando você escrever seu discurso de homenagem, ficará contente com o resultado. E não só isso: o discurso será um parâmetro e uma referência para sua vida. Fará diferença na sua existência. É sério, essas coisas vão mudar sua vida e não apenas em relação ao futuro, mas também ao futuro na vida eterna. É isso que é relevante, quero dizer, é isso que representa a visão privilegiada.

O termo de declaração da sua missão deve ser simples, direto e breve, de forma que qualquer pessoa possa memorizá-lo em questão de minutos. A especificidade do termo de declaração da missão deve servir de diretriz para a elaboração de um guia de ação que leve à completude e à realização da própria missão. Deve ser tão claro e nítido que possa guiar você no rumo que precisa tomar e nos planos e ações necessários para tornar esse termo viável.

Deve ser algo que o empolgue e sobre o que você possa conversar com seus amigos e família: "Este é o termo de declaração da minha missão, e eu quero organizar uma estratégia para colocá-lo em prática". Você pode até querer conversar com eles durante o processo e perguntar a eles quais são os seus pontos fortes, e talvez pedir até mesmo que sugiram outras possibilidades.

COMO VOCÊ GOSTARIA QUE FOSSE
O SEU ELOGIO FÚNEBRE?

Mentores

Agora é que o aconselhamento ou mentoria entra em cena. É aqui que alguém que você respeita e em quem confia pode ajudá-lo. No meu caso, contei com 26 pessoas que tiveram um impacto enorme na minha vida. Elas fazem parte da minha galeria da gratidão. No entanto, hoje tenho um mentor com quem compartilho tudo. Ele sempre acrescenta algo importante a qualquer coisa que eu esteja fazendo. Ele é sábio, um homem culto, e tem um interesse enorme pelo que faço. Encontre alguém com essas qualidades para guiá-lo durante o desenvolvimento da sua missão. Pode ser um pastor, um rabino, seu vizinho, um antigo chefe ou um antigo professor. Qualquer pessoa em quem você confie e com quem possa dividir o que faz vibrar seu coração.

Em primeiro lugar, você precisa incendiar-se com sua missão, e então o mundo se juntará para vê-lo ardendo com o entusiasmo que o conduzirá ao destino nomeado no termo de declaração da missão. É um processo comprovado e bom para ser seguido.

Quero deixar bem claro que você pode ter uma missão sem ter escrito nenhum termo formal. Eu me refiro, por exemplo, à minha mãe, uma pessoa que teve um grande impacto na minha vida. Ela só estudou até a quinta série, mas tinha uma sabedoria incrível. A seguir, veremos um caso simples dessa sabedoria. No sábado antes de começar a quinta série, fui trabalhar em uma mercearia. Eu trabalhava quinze horas em troca da magnífica quantia de 75 centavos. Isso foi lá atrás, na época da Depressão, quando esse tipo de coisa não era incomum.

Eu trabalhava na mercearia havia três anos quando recebi uma oferta de uma lanchonete onde eu receberia U$ 1,15 por dia. Na mercearia, eu começava o trabalho às sete da manhã e saía às onze da noite. Na lanchonete, eu teria de trabalhar das dez da manhã até as dez da noite. E ganharia por isso quarenta centavos a mais. Pode não parecer muito, mas naquela época um dólar dava para comprar um saco de dez quilos de farinha, um quilo de bacon de boa qualidade e catorze laranjas pequenas. Era uma boa quantia e eu ansiava por essa melhoria.

Contudo, minha mãe nem chegou a pensar no caso. Ela disse: "Filho, os quarenta centavos a mais seriam ótimos. Mas eu não conheço o dono. Ele pode até ser uma boa pessoa, mas ouvi dizer que eles vendem cerveja na lanchonete e eu não quero que o meu garoto fique nesse tipo de ambiente. Mas o sr. Anderson eu conheço de *verdade*. Sei que ele é um homem bom, que vai tomar conta de você, e esse é o ambiente adequado para você trabalhar". Isso demostra a sabedoria de minha mãe.

O sr. Anderson se tornou mais que um simples patrão. Foi um pai substituto. Ele até me levou a uma convenção de mercearias em Nova Orleans, na Louisiana. Foi a primeira vez que saí da cidade pequenina onde morava. Nas quartas-feiras à tarde, ele me levava até a fazenda dele, onde eu o observava lidando com o administrador e via o modo como ele tratava as pessoas que lá trabalhavam. Aprendi um bocado sobre a vida com minha mãe e também com o sr. Anderson. Meu filho chama-se John Thomas Ziglar. O John vem de John Anderson, o homem para quem trabalhei na mercearia, e o Thomas vem do nome do pai da minha esposa.

Agora, o que tudo isso tem a ver com a missão da minha mãe? Ela tinha doze filhos. O compromisso dela era criar essas crianças no temor a Deus e no amor do Senhor. Ela queria que fôssemos bem-sucedidos em todos os aspectos da vida. Eu a ouvi dizer tantas vezes: "Só tenho doze filhos, e Satanás não vai pegar nenhum deles". A missão dela era garantir inteiramente a segurança dos filhos e a certeza de que iriam para o céu. A missão dela era dar aos filhos a melhor chance de ter uma vida boa. Ela sabia que fé, honestidade e caráter eram o fundamento sobre o qual ela podia trabalhar. Não, ela não escreveu isso, mas fez sua missão de vida muitíssimo clara.

O padrão

A missão é importante, mas que papel ela tem na sua vida? Provavelmente você já ouviu falar na empresa Johnson & Johnson. E talvez você se lembre de quando, anos atrás, houve uma onda de pavor com o Tylenol, em uma época em que era um remédio tão popular que faturava milhões de dólares em milhares de farmácias e mercados em todo o país. A Johnson & Johnson não tinha responsabilidade pelo fato de que algum maluco havia envenenado dois contêineres de Tylenol. Mas a empresa não hesitou. Tirou de circulação todas as caixas das prateleiras, tendo um prejuízo de muitos e muitos milhões de dólares. A confiança do público foi reconquistada, e não somente isso, cresceu dramaticamente. Johnson & Johnson tem uma definição de missão baseada em valores, e está comprovado que empresas que têm um termo de declaração de missão por escrito, baseado no caráter, são bem-sucedidas.

É COMPROVADO QUE EMPRESAS QUE TÊM UM TERMO DE DECLARAÇÃO DE MISSÃO POR ESCRITO, BASEADO NO CARÁTER, SÃO BEM-SUCEDIDAS.

Uma das maravilhas de ter o termo de declaração de missão é que, inevitavelmente, você será confrontado com situações em que precisará tomar alguma decisão desconfortável. Nesse caso, você poderá consultar o termo; se a decisão for contrária ao que está escrito, você saberá de imediato que precisa fazer alguma coisa para corrigir a decisão. Essa é a maneira de realizar seus objetivos e se sentir bem confortável a respeito das suas ações.

O mesmo preceito vale para os indivíduos. Tenho em mente Gertrude Johnson Wiliams, que tinha um termo de declaração da missão. Você pode não ter ouvido falar muito a respeito dela, a menos que tenha lido a autobiografia de seu filho, John Johnson. A mãe de John Johnson e ele nasceram em uma casa de telhado de zinco em Arkansas City, no Arkansas. Tiveram grandes dificuldade na vida quando John Johnson terminou a oitava série. Naquela época, não era permitido que crianças afro-americanas frequentassem o Ensino Médio e não havia escola com Ensino Médio em Arkansas City. Então, o que fez Gertrude Johnson com seu filho? Ela o fez repetir a oitava série.

Por que ela fez isso? Porque sua missão era que ele tivesse melhores oportunidades na vida. Ela não queria que ele ficasse ocioso, nem que se acostumasse a fazer trabalhos subalternos. Ela tinha planos de levá-lo para Chicago, onde tinham parentes e onde havia mais oportunidades. Eles trabalharam duro por muito tempo. John e sua mãe fizeram coisas difíceis, tudo o que era possível para levantar o dinheiro necessário para a viagem até Chicago, onde viveriam com os parentes até conseguirem se virar sozinhos. Eles tinham vergonha de dizer que dependeram da assistência social durante um tempo. Mas qual era o ponto principal? Ela tinha uma missão para seu filho.

A missão teve grandes realizações por intermédio do filho: ele fundou várias empresas e lançou a revista *Ebony*. Foi convidado

Como você gostaria que fosse o seu elogio fúnebre?

para visitar a Casa Branca por todos os presidentes desde Eisenhower. Quando morreu, em 2005, era um dos homens mais ricos da América, com um patrimônio de 150 milhões de dólares. John H. Johnson ficou famoso pela frase: "Não é a cor da sua pele, não é o lugar onde nasceu – é o tamanho da sua esperança que determinará o que você fará na vida". John Johnson tinha esperança porque sua mãe tinha uma missão.

Quando a pessoa tem uma missão, também fará grandes coisas. Enquanto você permanecer fiel à missão correta, que envolve beneficiar outras pessoas e se baseia em caráter, integridade e muito trabalho duro, então você desfrutará da visão privilegiada.

Missão nacional e geracional

Os Estados Unidos foram fundados por causa de uma missão: as pessoas buscavam a liberdade de culto. Ao chegar à América, os Peregrinos vieram realmente entusiasmados com a missão e o privilégio de ter essa liberdade. Essa liberdade, em especial, era muito importante para eles, assim como a importância de incutir caráter e fé em seus filhos. Em 1776, havia três milhões de norte-americanos. E entre esses três milhões criaram-se homens honrados, criativos, corajosos e sábios, incluindo George Washington, Benjamin Franklin, John Adams, George Washington Carver, Alexander Hamilton, Thomas Jefferson e muitos outros. Atualmente, o país têm trezentos milhões de americanos e não é fácil encontrar homens e mulheres de caráter e integridade. Desafio você a nomear ao menos uma pessoa que tenha o comprometimento, as realizações, a inteligência e a fé que tiveram esses fundadores dos Estados Unidos.

E por que isso acontece? O que aconteceu no meio do caminho? De acordo com um instituto de pesquisa, em 1776, usando a Cartilha da Nova Inglaterra e outras obras que incluíam a Bíblia, cerca de 90% do teor educativo vinha de fonte religiosa e de educação do caráter. Em 1926, esse percentual baixara para apenas 6%. E, em 1951, o percentual de caráter e fé incluídos no processo educativo era tão pequeno que nem sequer podia ser medido. É importante ter bom caráter? A fé conta? É preciso saber o que é importante na vida? Sim. Nossa grande nação foi fundada sob os princípios escritos na Constituição – e todos nós temos os mesmos direitos e privilégios.

Sou o décimo de doze filhos. Meu pai morreu quando eu tinha cinco anos. Fui criado durante a Depressão. Ainda assim, por causa da sociedade na qual transitamos, das oportunidades educacionais, dos privilégios que temos, e pelo fato de não sermos julgados pela cor da pele ou pela família da qual viemos e sim pelo que fazemos, tudo isso mostra que fomos agraciados com o fruto direto de uma missão baseada no caráter e na fé – que fazem uma enorme diferença na vida. Por isso, digo às pessoas que façam um termo de compromisso, para que possam construir sobre alicerces sólidos. Essa é a melhor maneira de chegar ao topo e lá permanecer. Por que cargas d'água você desejaria ir para qualquer outro lugar, já que a vista lá de cima é tão maravilhosa?

Estabilidade

Se hoje você entrevistar qualquer pessoa na rua, ela chamará sua atenção para a porção de mudanças que vêm acontecendo em todos os terrenos da vida. A família está sendo redefinida.

A segurança está sendo repensada. As pessoas mudam com mais frequência de um lugar para outro. A taxa de divórcios está aumentando. A violência está desenfreada. Acontecem tiroteios em escolas, brigas de bêbados e coisas parecidas.

Como sobrevivemos em um mundo assim? Como conseguimos um pouco de estabilidade? Como tornamos nossas vidas mais significativas? Como podemos ser bem-sucedidos em tal ambiente? Primeiro, precisamos assumir a responsabilidade pelos nossos próprios atos e condutas. Podemos sobreviver e prosperar quando temos uma boa base, quando compreendemos que precisamos ser o tipo de pessoa correta e fazer a coisa certa para ter tudo o que a vida tem a oferecer.

Precisamos lembrar que não devemos nos deixar influenciar pelo que outras pessoas fazem. Se alguém mente, engana, rouba e passa por cima dos colegas, certamente isso não é motivo para que você faça a mesma coisa. Há evidências arrebatadoras de que os bons rapazes e moças, as pessoas honestas, são aqueles que acabam não só com mais coisas que o dinheiro pode comprar, mas também com todas as coisas que o dinheiro não compra.

Você deve se preocupar com o que acontece ao seu redor. Por esse motivo, creio que precisamos nos envolver em agremiações cívicas e sociais, nas igrejas e na política. Muitas pessoas dizem: "ah, não se envolva com política. É um negócio nojento". Bem, se todos pensam que é um negócio nojento, imagine só quem vai entrar – somente pessoas ruins. Se você quer mudar as coisas para melhor, ajude a eleger homens e mulheres corretos. Pessoas que tenham valores, que sustentem crenças íntegras e comprometimento, que assumam a responsabilidade, pessoas que tenham interesse em outras pessoas, cuja palavra tenha valor. Isso é relevante.

PRECISAMOS LEMBRAR QUE NÃO DEVEMOS NOS DEIXAR
INFLUENCIAR PELO QUE AS OUTRAS PESSOAS FAZEM.

Confiança

A confiança é o que une a sociedade. Quando não há confiança, a sociedade se divide. Você pode indagar o que poderia ser feito para gerar confiança. Primeiro, você pode cuidar de si mesmo, em seguida das necessidades da sua família e depois pode estender essa mão amiga para outras pessoas. Nunca esquecerei o que me disse um treinador na época em que estava na escola técnica. Ele disse: "Se você tem uma aptidão que vai além da capacidade de sustentar suas próprias necessidades, precisa abaixar a mão e erguer outras pessoas".

Nos primeiros dois anos e meio depois que comecei a trabalhar com vendas, não tive um sucesso estrondoso. Não significa que não vendesse nada, porque vendi sim – tive de vender meus móveis e carro. Mas finalmente, depois de dois anos e meio, fui a uma reunião e um homem me disse algumas coisas que fizeram uma diferença enorme na minha vida. Ele me presenteou com fé em mim mesmo. Nesses dois anos e meio, eu havia aprendido a pegar material de propaganda, aprendera a fechar uma venda e tudo o que um vendedor precisa saber. O vendedor estava pronto, mas o homem, não.

Esse homem me olhou nos olhos e falou: "Zig, se você simplesmente acreditasse em si mesmo e trabalhasse com uma agenda regular, poderia ser campeão nacional". Depois disso, não cheguei a atingir esse feito, mas, em um grupo de sete mil vendedores, fiquei em segundo lugar. Naquele ano, tudo o que eu tocava virava ouro. Eu vendia de forma inacreditável. No entanto, lembro vividamente da segunda parte da história que mudou minha vida por completo. Na empresa de utensílios de cozinha duráveis em que eu trabalhava, havia uma semana de incentivo nacional. Durante essa semana, concentrávamos nossos esforços unicamente nas vendas – sem coletas, treinamentos, e nada além de vendas, vendas e mais vendas. Naquela semana, acabei por vender duas vezes mais do que jamais vendera em uma semana.

Minha esposa e filha foram a Jackson, no Mississipi, naquela semana. Ela é de lá. As duas queriam que eu trabalhasse muito naquela semana – e assim fiz. No caminho, indo buscá-las de volta para casa depois dessa grande semana, parei em Atlanta, na Geórgia, para descansar depois de tanto dirigir; eram quase duas e meia da manhã. Acordei um bom amigo e mentor que se prestou a ficar acordado tomando café comigo. Durante duas horas, ele ouviu cada palavra que eu disse. Contei todas os telefonemas que dera e ainda contei todos os detalhes. Quando finalmente parei, me desculpei por falar tanto e por tanto tempo, e perguntei como ele estava.

Ele respondeu: "Zig, não se preocupe. Você tem toda razão de estar muito orgulhoso pelo que acabou de fazer". Então, ele me lembrou que fora ele que me recrutara para o negócio, me encorajara e treinara. Ele foi a pessoa que conversou comigo quando ameacei largar tudo. Em seguida ele disse: "Zig, por mais empolgado que você esteja agora com o que fez, você só vai saber o que é a verdadeira alegria quando alguém que você treinou e com quem compartilhou seu conhecimento mudar de atitude e for bem-sucedido – isso é uma alegria só".

Meu amigo, é isso que significa a missão. Se sua missão é ser bem-sucedido, mais importante ainda é ensinar os outros a serem bem-sucedidos e ajudá-los, pois aí você alcançará a verdadeira relevância. Isso significa que você vai gozar por completo de uma visão privilegiada.

Em suma, em primeiro lugar, você precisa escrever o termo de declaração da missão e precisa começar a se dedicar a isso neste exato minuto. Número dois, você precisa desenvolver um plano de ação para colocar a missão em prática. Número três, você precisa tornar sua missão uma realidade, pensando nas pessoas com quem precisa conversar ou trabalhar para fazer um *brainstorming*. Número quatro, você precisa se comprometer a levar adiante o compromisso, de forma a não só alcançar e cumprir sua missão, mas também a não esquecer o objetivo concreto de ajudar outras pessoas, para que elas também possam desfrutar da visão privilegiada.

Como parte do seu plano de ação para esse termo de comprometimento, você precisa escrevê-lo em um diário ou caderno. Você deve, então, fazer cópias e compartilhar para que outras pessoas possam ver e conhecer o teor de seu termo de missão. Elas precisam fazer parte da missão para que esta seja concretizada. Ao dar esses passos, as coisas acontecerão; até que você os dê, são apenas palavras vazias que não conduzirão a lugar nenhum. Leve adiante. Essa é a maneira de apreciar a visão privilegiada – porque esta será sua visão.

9
RELEVÂNCIA E ESPIRITUALIDADE

Você tem uma visão privilegiada quando se encontra cheio de fé, esperança, amor, e vive sem raiva, cobiça, culpa e pensamentos vingativos.

Nesta nossa época, ouvimos falar cada vez mais sobre espiritualidade e religião. Do meu ponto de vista, a não ser que você adote esse aspecto espiritual, estará perdendo a parte mais relevante da vida. Farei agora uma afirmação que a princípio poderá soar estranha e da qual você poderá discordar, mas aqui está: para mim, lá no fundo, todo mundo acredita em Deus. Existe um velho ditado que diz ser impossível encontrar um ateu em uma trincheira – acho isso absolutamente verdadeiro. A seguir, darei informações que me levam a crer que essa afirmação é mais que um velho ditado.

Antigamente, quando as empresas podiam usar um polígrafo para determinar se empregariam ou não alguém, durante muitos e muitos anos a Brown Trucking Company, em Atlanta, na Geórgia, usava essa opção. O teste do polígrafo foi realizado em milhares de pessoas durante anos, já que a empresa tinha mais de cem unidades ao redor do país. A Brown Trucking Company relatou que, sem exceções, em 100% dos casos, quando se perguntava:

"Você acredita em Deus?", a agulha do polígrafo enlouquecia com todos que diziam "não", mostrando conclusivamente que sim, a pessoa, na verdade, acreditava em Deus. Repetiram essa pergunta para todos os milhares de empregados em potencial.

Amo a história de um incidente que aconteceu na vida de Mordecai Ham – um evangélico fervoroso que teve papel fundamental na conversão de Billy Graham. Uma noite, o reverendo Ham estava prestes a começar a pregar quando um cavalheiro se aproximou e disse:

– Sr. Ham, quero que saiba que vim ouvi-lo esta noite por mera curiosidade. Eu não acredito em Deus. Não acredito no céu e no inferno e definitivamente não creio na oração.

E Mordecai respondeu:

– Você é um sujeito bem raro.

O jovem replicou:

– Bom, só queria avisar com antecedência como eu me sinto.

Quando chegou a hora de Mordecai pregar, ele se levantou e disse para a congregação:

– Agora, pessoal, temos aqui conosco esta noite um camarada incomum. Ele afirma não acreditar em Deus, não acreditar no céu nem no inferno, e diz que definitivamente não acredita em oração. Portanto, gostaria que todos nós, agora e durante a pregação, rezássemos para que Deus o matasse.

O que aconteceu em seguida? O cara deu um salto e saiu gritando:

– Não faça isso! Não faça isso! Não faça isso!

Acabara de provar que ele *acreditava* em Deus, no inferno, e *acreditava* em oração!

Uma das pessoas mais devotas que já conheci na vida foi uma viúva que tinha oito filhos. Ela perdeu o marido em uma quinta-feira e na terça-feira seguinte seu bebê morreu. Isso aconteceu no auge da Depressão. Ela estudara até a quinta série. Foi sua fé em Deus que nos fez superar tudo isso – ela era minha mãe. A vida dela, embora tenha sido muito difícil, foi bastante relevante.

Nunca esquecerei de um pequeno episódio que enriqueceu minha vida e me fez decidir ser mais atento a qualquer coisa que eu fizesse. Todo ano acontecia uma reunião de família, e todos levavam gostosuras para a comilança. Em média, cada pessoa engordava quase dois quilos. Não comíamos até ficar cheios – comíamos até cansar! A maioria dos familiares vivia perto da nossa cidade natal, e, portanto, iam dirigindo. Mas nós tínhamos que pegar um avião, por isso compramos a comida que levaríamos assim que chegamos. Fomos ao mercado local e colocamos no carrinho peru defumado, presunto defumado e um monte de doces e refrigerantes.

Quando chegou a hora de pagar, a caixa calculou a conta. Minha esposa procurou pela carteira e tirou dois cartões de crédito e a carteira de motorista para mostrar à caixa, já que éramos de outro estado e ela iria pagar as mercadorias com cheque. Porém, quando a caixa viu o nome no cheque, ela nos disse: "Por aqui o nome Ziglar é toda a identidade de que precisamos".

Agora, por favor, entenda que isso aconteceu muito antes de eu ficar conhecido – antes dos livros, gravações e palestras. Naquela época, eu era um completo desconhecido. Aquela mulher se referia a uma mãe que, mesmo sem recursos, podia assinar uma promissória do banco e receber uma grande soma de dinheiro, porque eles aprenderam havia muitos e muitos anos que, quando a sra. Ziglar assinava uma promissória, esta, sem dúvida, seria paga.

Naquele dia, renovei um compromisso: quer deixe ou não um tostão para meus filhos, deixarei um bom nome para eles. Quando alguém bater o olho no sobrenome deles, dirá que essa é a única garantia de que precisam. Minha mãe realizou os objetivos de vida dela, que era assegurar que os filhos fossem criados corretamente e tivessem fé. Esses objetivos não seriam obtidos se não fosse a dimensão espiritual em sua vida.

Ética e integridade

Um dos fatores incríveis da espiritualidade e da fé é que elas realmente mudam você para melhor. Afetam sua ética, valores, relacionamentos e cada faceta da sua vida. Influenciam a maneira como você trata as outras pessoas. Agem no modo como você trata seus colegas e seus filhos. São a forma como você lida com a verdade. Muitas pessoas atualmente dizem: "bem, só cometi um erro". O que elas realmente estão falando é: "Eu sei que eu estava errado ao mentir, mas foi só um erro. Agora que já o admiti, vamos esquecer e seguir em frente".

SE SUA ESPIRITUALIDADE E FÉ FOREM FORTES, ISSO LHE PERMITIRÁ VIVER EM HARMONIA COM SEUS PARÂMETROS ÉTICOS E MORAIS.

No terreno da espiritualidade, você simplesmente não esquece e segue em frente com a vida. Você restitui. Você pede perdão; cuida dos erros que cometeu. Se sua espiritualidade e fé forem fortes, isso lhe permitirá viver em harmonia com seus parâmetros éticos e morais. Viver de forma incongruente é, obviamente, hipócrita. Hipocrisia é uma das coisas mais odiosas e desprezadas em praticamente qualquer lugar do mundo. Ninguém gosta dos hipócritas. Falar uma coisa e fazer outra é completamente inconsistente.

Uma das minhas maiores decepções envolve dois homens – mas acabou por se tornar um trunfo. Isso soa um pouco estranho até que eu explique. No começo da minha carreira, tive uma experiência com dois sujeitos que eram reconhecidos e respeitados internacionalmente. Tínhamos uma relação profissional, mas não demorou muito para que eu percebesse que a persona pública e o discurso deles diferiam completamente de como eles eram e do que faziam em sua vida particular.

Excepcionalmente, e pela primeira e única vez na minha vida, fiquei totalmente desanimado. O homem olhara direto nos meus olhos e mentira. De verdade. Eu havia investido bastante tempo e uma quantia considerável de dinheiro para construir uma organização – e isso me foi roubado. Quando recebi o telegrama anunciando essa situação específica, fiquei devastado. Durante três semanas fiquei arrasado. Não tinha energia para nada. Não fosse por minha esposa e meus filhos, que dependiam de mim, eu realmente não sei o que teria acontecido.

Tomei a decisão de que, se um dia fosse conhecido e alcançasse algum tipo de notoriedade, eu cuidaria com mais afinco de ser coerente em qualquer coisa que fizesse. Eu queria ter certeza de que aquilo que as pessoas percebessem fosse verdade. E lhe digo agora: isso foi um dos meus maiores privilégios e bens – porque, com o passar dos anos, essa reputação me serviu muito bem.

Ética, integridade e sua própria vida devem ser modelares, um exemplo para os outros. Quando você for assim, as pessoas notarão.

No ano em que estávamos lançando nossa própria empresa, antes de ela abrir de fato, uma das empresas concorrentes me chamou pedindo que eu fizesse uma palestra. Eu havia palestrado para eles muitas e muitas vezes, portanto respondi com franqueza: "Eu ficaria feliz em dar a palestra, mas você sabe que estamos abrindo a nossa própria empresa. É claro que não vou falar sobre o que nós fazemos, falarei sobre o seu negócio, mas quero ser sincero". A resposta foi muito gratificante. Ele disse: "Bom, vou conversar sobre isso com alguns dos funcionários, mas você não nos preocupa. Convivemos há tantos anos que sabemos que você vai agir direito". Esse foi um dos melhores elogios que já recebi.

Depois dessa palestra, recebi muitas cartas dizendo que tinha sido uma das melhores que eu já fizera para eles. Estavam me pagando, eu estava trabalhando para eles, portanto dei 100%, me esforcei ao máximo. A ética faz diferença na vida – isso é coerência, isso é integridade e isso é espiritual.

As pessoas querem saber quem é você. Querem saber de onde você vem, que tipo de pessoa você é. Se elas enxergarem que há coerência na sua vida, saberão que você é confiável. Se você é coerente na maneira de tratar os outros, eles sabem que deve haver uma razão para isso. Então, a ideia de não falar sobre sua espiritualidade é absurda – simplesmente *deixe que sua reputação, seu caráter e sua integridade brilhem.*

AS PESSOAS QUEREM SABER QUEM É VOCÊ. QUEREM SABER DE ONDE VOCÊ VEM, QUE TIPO DE PESSOA VOCÊ É. SE ELAS ENXERGAREM QUE HÁ COERÊNCIA NA SUA VIDA, SABERÃO QUE VOCÊ É CONFIÁVEL.

Consistência

Não fosse trágico, um dos conceitos mais engraçados e comuns entre as pessoas é o de que você não deve ter dinheiro, você não deve ser rico. Mas na Bíblia inteira se fala sobre o bem-estar físico e financeiro. Não há nada de errado em ganhar e acumular riqueza – especialmente se você a usar com um propósito altruísta. Isso é uma coisa maravilhosa. Porém, se você doa dinheiro apenas como forma de publicidade, então a doação é de uma natureza completamente diferente – é movida pelo ego e pela fama, o que não torna o ato relevante. Quando você dá sinceramente, desejando o bem ao outro, isso é relevante. São essas as pessoas que têm uma bela visão privilegiada.

Um dos fatores que mais preocupam as pessoas hoje em dia tem a ver com como participar da sociedade e compartilhar valores espirituais com os filhos. Minha mãe me disse, anos atrás, quando meus filhos eram pequenos: "Seus filhos prestam mais atenção no que você faz do que no que você diz". As pessoas percebem o que fazemos. Se não agirmos conforme a fé, elas não seguirão a fé. Por que deveriam? Mahatma Gandhi disse: "eu poderia ter sido um cristão, se não fossem os cristãos". Quando agimos de acordo com a fé, outros seguirão. As pessoas verão que você é coerente, bondoso, generoso, honesto e confiável.

Em minha caminhada espiritual, adoto uma abordagem bastante rotineira. Faço assim porque descobri que funciona para mim e mantém meu zelo e foco no objetivo. Como costumo dizer às pessoas, gosto de fazer a coisa mais importante ser a coisa mais importante. Quando acordo pela manhã, 99% das vezes as primeiras coisas que faço são me barbear, lavar o rosto, pentear o cabelo, escovar os dentes, e então me visto, desço a escada e ligo a cafeteira. Sou uma pessoa matutina. Geralmente acordo às cinco.

Enquanto estou passando o café, o que leva dez minutos, faço minhas orações. Rezo para meus amigos, família, aqueles que precisam, esse tipo de coisa. Também rezo por sabedoria e orientação para o dia. Rezo para que Deus proteja a mim e a minha família e me conceda a atitude correta e a sabedoria para que eu tome as decisões certas. Em seguida, no meu escritório, passo cerca de trinta minutos lendo a Bíblia e orações de vários autores cristãos. Tudo isso me prepara para o dia, e acredito que me dê um excelente começo.

Precisamos ter uma rotina para fortalecer a vida espiritual. Muitas pessoas reclamam de falta de tempo, mas creio que falta de direcionamento seja o maior problema. Quando você se compromete e deseja realmente desenvolver uma vida espiritual saudável, aconselho que siga qualquer rotina que se encaixe em sua vida. Obviamente, se você tem três crianças em casa, não será possível fazer igual a mim. É uma situação diferente.

> MUITAS PESSOAS RECLAMAM DE FALTA DE TEMPO, MAS CREIO QUE FALTA DE DIRECIONAMENTO SEJA O MAIOR PROBLEMA.

Quem sabe à tarde, quando as crianças estiverem cochilando, seja um bom horário para você estudar a Bíblia. As orações devem estar em primeiro lugar na sua lista o tempo todo. Rezo muito ao longo do dia – enquanto faço qualquer coisa. Agora se tornou um hábito. Claro que eu rezo antes de cada refeição, pois Deus nos abençoou. Muitas pessoas no mundo não têm o que comer todos os dias, portanto agradecer a Ele pelo que temos pode ser uma boa rotina nessa hora.

Outra rotina especial que poderia ser adotada é rezar com as crianças na hora de colocá-las para dormir. Essa pode ser uma das experiências espirituais mais belas que você pode imaginar. Acredito firmemente que *a maneira como você dá início ao dia de seus filhos e a forma como o encerra terão um impacto dramático no que acontece entre essas horas.* Você se lembra como acordava seu filho quando era um bebê, ou quando ele estava chorando? Você o segurava afetuosamente, o aconchegava e falava baixinho. Por que não acordar seus filhos dessa forma durante a vida toda? Por exemplo, em vez de ir até a porta do seu filho de oito anos e bater, gritando "acorda!", que tal bater de forma leve, entrar e dizer "é hora de levantar" enquanto faz um cafuné nele?

Em seguida você vai até a cozinha, liga a cafeteira, volta e novamente bate na porta.

Se você nunca fez isso antes, melhor avisá-los na véspera que no dia seguinte eles terão uma surpresinha ao acordar. Então, sente-se na beira da cama, acaricie o cabelo dele, incline-se e dê um beijo na testa do seu filho ou na bochecha, e diga: "Você é lindo, ou linda, eu te amo, sou tão feliz por Deus ter mandado você para viver conosco. Hoje vai ser um dia ótimo. Você vai se divertir. Vai aprender muitas coisas e não vejo a hora de você voltar para casa para conversarmos sobre todas as coisas boas que aprendeu".

Então, quando chegar a hora de dormir, se o horário dos seus filhos for às nove, às oito da noite você diz: "tudo bem, é hora de se preparar para dormir. Não se esqueça, daqui a uma hora vamos para a cama. Se você precisa deixar o gato sair e colocar a bicicleta para dentro, agora é a hora. Ligue para Sally e fale da tarefa. Você tem que ir ao banheiro e beber água, porque exatamente às nove horas nós vamos nos deitar, e vamos nos divertir quando formos fazer isso".

Às nove horas, você desliga a televisão. O maior insulto para uma criança é colocá-la para dormir durante um comercial. Criamos quatro filhos e, assim cremos, com sucesso. Mas eu vejo com clareza que os maiores vigaristas da face da Terra são os que têm entre seis e treze anos. Eles usam qualquer artimanha possível para, por exemplo, perguntar incessantemente besteiras para que você fique com eles o máximo de tempo possível e eles não precisem dormir logo. As crianças são incríveis. Elas resistem insistentemente a dormir – e então, durante a noite, criam uma relação romântica com a cama. Apegam-se amorosamente à cama e é praticamente impossível separá-los na manhã seguinte. É assim que elas são.

Na hora de dormir, as crianças conversam para que você fique ali com elas. Permita que façam isso. Elas vão deixar as bobeiras para lá em questão de dois ou três minutos, mas durante esse período você vai estabelecer um vínculo com seu filho. Talvez, nesses dez minutos você se aproxime mais dele ou dela do que foi capaz durante o dia inteiro. Elas lhe dirão o que sentem de verdade. Farão perguntas sérias. Você pode contar a elas uma história ou ler a Bíblia, ou todos podem rezar juntos. Isso faz o aspecto espiritual se entranhar na vida delas tal como é para você. É assim que se compartilha e espalha a fé; e, durante o processo, você estará criando uma criança que mais tarde terá um impacto significativo na própria vida e no futuro. É por isso que a visão privilegiada é tão linda.

Sentindo-se melhor

Vivemos em um mundo apressado. Tudo é instantâneo. Existem pessoas que realmente não compreendem que todo dia é um dia especial. Por que não começar o dia devagar e deliberadamente, em vez de acordar em cima da hora ao som do despertador, esse arauto das oportunidades? Algumas pessoas o chamam de alarme, e o simples despertador assusta, mas a oportunidade entusiasma. Então, por que não colocar o arauto das oportunidades para tocar um pouco mais cedo, para que você tenha tempo de começar o dia lenta e despreocupadamente? Ver o sol nascer de vez em quando não fará mal.

Começar o dia devagar, segundo os médicos, faz bem à saúde. Levante-se cedo o suficiente para ter tempo livre com seus filhos. Saia da cama mais cedo para que você possa aproveitar um café da manhã completo. Os médicos prontamente lhe dirão que o café da manhã é a refeição mais importante do dia. Então, enquanto você começa o dia devagar, reze pelo que come, agradeça a Deus por esse alimento. Quando sua família o vir fazendo isso, quando virem você fazer as coisas em que acredita, saberão que você de fato tem fé. Com o simples ato de começar o dia lentamente e terminá-lo com tranquilidade, em família, você descobrirá que o intervalo de tempo entre esses eventos – quando Deus é convidado a participar – será muito mais suave.

O ritual é muito importante – quase tudo o que fazemos se baseia no hábito. Uma vez adquirido esse hábito, você descobrirá que a rotina lhe permite ter uma vida mais equilibrada. Você se sentirá melhor em relação a si mesmo e ao seu futuro. Você se sentirá mais unido à sua família, a Deus, e, quando juntar tudo isso, descobrirá que isso é o resultado de ter estabelecido uma rotina que produz resultados.

No final, você nem precisará pensar nisso. Simplesmente irá levantar toda manhã e começar a fazer seu ritual matutino. A consistência se insinua na sua vida e a espiritualidade passa a ser importante. É uma maneira de abordar a vida que realmente faz diferença. Assim, você torna sua vida relevante e tira maior proveito da visão privilegiada.

VIVEMOS EM UM MUNDO APRESSADO.
TUDO É INSTANTÂNEO. EXISTEM PESSOAS QUE REALMENTE
NÃO COMPREENDEM QUE TODO DIA É UM DIA ESPECIAL.

10

OBJETIVOS EQUILIBRADOS E SIGNIFICATIVOS

*Você tem uma visão privilegiada quando abraçou seu passado,
está focado no presente e é otimista quanto ao futuro.*

Muitas pessoas ficam confusas com o significado de ter tudo.
Elas pensam, por exemplo, que podem passar doze horas trabalhando, depois umas duas horas fazendo algum exercício e depois vão jogar golfe. Pensam que podem fazer tudo isso e ainda assim voltar para casa e ser um bom marido ou esposa, preparar uma refeição, limpar a casa e fazer todas essas outras coisas que precisam ser feitas. Essa lógica é obviamente absurda. Elas não conseguirão praticamente nada seguindo uma rotina assim. Não gozarão de boa saúde, não serão felizes e não obterão praticamente nada do que todo mundo deseja.

É IMPORTANTE PRIORIZAR, ORGANIZAR,
ASSUMIR COMPROMISSOS, SONHAR E ANOTAR.

Quando falo em ter tudo, vou identificar as coisas que constituem esse *tudo* – felicidade, saúde, ao menos uma razoável prosperidade, segurança, amigos, tranquilidade, boas relações familiares e a esperança de que o futuro será melhor. E também a necessidade de amar e ser amado. Você pode ter todas essas coisas? Sim. Certamente. Mas isso começa com aquele caráter básico mencionado o tempo todo neste livro. Começa com um sonho que você tem. E começa com o processo de organização que vai englobar tudo isso em uma fórmula.

Eu recomendo mais uma vez pensar com cuidado na descrição que faço da "véspera das férias" e como tudo isso se encaixa. Lembre-se: a falta de tempo não é o problema, mas sim a falta de prioridades – esse é o problema.

Sou grato ao dizer que, sim, eu tenho todas essas coisas, mas me esforço para tê-las todo dia. Faço as coisas que precisam ser feitas e divido minha vida assim: quando estou em casa, estou mesmo em casa, na companhia da minha esposa; quando estou trabalhando, fico totalmente focado no que estou fazendo.

É importante priorizar, organizar, assumir compromissos, sonhar e anotar. Manter um registro do andamento do seu projeto é útil para que você entenda claramente que as coisas não acontecerão por acaso. Elas acontecem porque você *planeja* que aconteçam e segue o plano. É por isso que se fala tanto em motivação neste projeto – a visão privilegiada. Como mencionei antes, um estudo da Universidade de Stanford revelou que 95% das pessoas que têm uma ideia não dão continuidade a ela por não terem os recursos.

Neste momento, você tem nas mãos os recursos que lhe permitem ter tudo. Mas quero lhe dizer uma coisa. Se você terminar de ler e disser "adorei mesmo este livro", isso vai nos agradar. No entanto, esperamos muito mais do que isso. Se disser "eu realmente aprendi muito!", isso nos faria ainda mais felizes. Mas, se finalmente você falar "gostei demais, tirei muito proveito e aqui está minha estratégia, meu plano de ação, que elaborei para ter sucesso", é assim que tudo se consegue.

Um programa de objetivos equilibrados e relevantes

Agora, precisamos voltar nossa atenção para um projeto de metas equilibrado e relevante, porque essa é uma parte importante da vida. Howard Hill foi, sem dúvida, um dos maiores arqueiros que já existiram. Participou de 287 torneios e tirou o primeiro lugar 287 vezes. Já vi imagens de Howard Hill acertando bem no meio do alvo com uma flecha cravada, que ele partiu no meio com outra flechada. Ele podia derrotar qualquer atirador de arma de fogo no mundo a dez metros de distância do alvo. Era incrível. Porém, minha afirmação seguinte talvez faça você levantar uma sobrancelha e pensar que estou brincando. Eu mesmo não sou muito bom no arco e flecha, mas sou um instrutor extraordinário. Quero dizer, sou bom mesmo. Poderia passar vinte minutos ao seu lado, e, se sua vista for boa e sua saúde física também, em vinte minutos eu faria você acertar o alvo mais vezes do que Howard faria em um dia de sorte – se, é claro, tivéssemos vendado seus olhos e girado Howard algumas vezes, fazendo-o perder o senso de direção.

Agora, provavelmente, você está pensando: *Óbvio, ninguém consegue atingir um alvo que não possa ver.* É um bom argumento. Mas vamos escolher um melhor. Como é possível atingir o alvo se não existe nenhum? Você tem um projeto de metas? Os benefícios são enormes. Se você tem uma meta, já escreveu o que é? E agora:

- Identificou quais benefícios terá quando alcançá-la?
- Identificou as dificuldades, os obstáculos que se colocam entre você e a meta?
- Identificou o que você precisa saber para chegar lá?
- Identificou as pessoas, os grupos e as organizações com quem você precisará trabalhar para realizá-la de forma relevante?
- Desenvolveu um plano de ação preciso?
- Marcou a data para alcançar essa meta?

Até que essas coisas sejam feitas, meu amigo, você não terá nenhum verdadeiro objetivo – apenas um desejo ou sonho abstrato, que provavelmente jamais acontecerá de verdade.

Vou lhe falar sobre um dos benefícios, na realidade um benefício misto, resultante de se ter um programa de metas.

Fizeram um estudo na Universidade da Califórnia, em Los Angeles, sobre as pessoas que participaram dos famosíssimos seminários de Peter Lowe. Entre essas pessoas, havia psiquiatras, motoristas de caminhão, funcionários públicos, médicos, alunos e professores universitários, especialistas em organização doméstica, empresários, CEOs de grandes empresas, CEOs de empresas menores e militares. De todas essas pessoas, aquelas que tinham um projeto equilibrado de metas ganhavam, em média, 7.401 dólares por mês. Aquelas que *não tinham* um projeto de metas ganhavam, em média, 3.397 dólares por mês. Esse registro foi feito por uma pesquisa acadêmica – existem provas.

Mas a história continua. As que tinham programas não se restringiam a ganhar mais que o dobro – eram mais felizes, saudáveis e tinham uma relação melhor com a família em casa.

O motivo é muito simples. Quando se tem um plano de ação e um rumo a seguir que se conhece, você simplesmente não gasta energia com pequenas coisas; você é capaz de produzir bem mais quando tem um programa de metas. Recomendo seriamente que você dê continuidade a esse programa. A disciplina necessária em um programa de metas é uma das causas principais para a coisa dar certo. Ter disciplina é muito importante.

Sonhos e definição de metas

A primeira coisa que você precisa fazer é anotar em um caderno ou pedaço de papel intitulado "Lista de Sonhos" todas as coisas que você sempre quis fazer ou ser. Isso provavelmente levará cerca de uma hora. Então, ponha o papel de lado durante 24 a 48 horas, porque, durante esse período, você se lembrará de outras coisas que gostaria de acrescentar. Isso é muito importante.

Depois de um ou dois dias, você deve fazer algumas perguntas a si mesmo a respeito de cada tópico que foi escrito:

- Esse é realmente meu objetivo?
- Ele é moralmente correto e justo em relação a todos os envolvidos?
- É coerente com os outros objetivos?
- Posso me comprometer emocionalmente a completar esse objetivo?
- Eu me vejo alcançando esse objetivo?
- Atingir essa meta me fará mais feliz?
- Atingir essa meta me fará mais saudável?

- Alcançar essa meta me tornará mais próspero?
- Me fará ter mais amigos?
- Me trará tranquilidade?
- Me trará mais segurança?
- Melhorará meu relacionamento com os outros?

Caso você não consiga responder sim a uma ou duas dessas perguntas, risque esse objetivo por enquanto. Você precisa se lembrar de que são necessários grandes objetivos que o desafiem a alcançá-los e a ser relevante – eles podem estar fora de alcance agora, mas não fora da vista. Lembre-se disso.

Alguns objetivos a longo prazo também são necessários. A realidade é que você vai enfrentar algumas frustrações e fracassos a curto prazo, e, *se você não tiver objetivos a longo prazo, então qualquer obstáculo tomará proporções gigantescas*. No entanto, quando você tem objetivos a longo prazo, o obstáculo se torna simplesmente uma coisa à toa. Vá ao máximo até onde sua visão pode alcançar, porque, ao chegar lá, você conseguirá ver ainda mais longe.

É preciso ter metas diárias também. São elas que o mantêm ativo. Algumas metas são contínuas, como cultivar o amor-próprio, obter uma instrução melhor, criar relacionamentos melhores com a família, melhorar seu tempo na esteira etc. Existem coisas que sempre merecem sua atenção. E alguns objetivos precisam de consultoria, como metas financeiras e educativas. A maioria dos objetivos precisa ser específica.

Quando você toma esses sonhos como objetivos e faz essas perguntas a si mesmo, a grande lista se torna dramática e imediatamente reduzida, o que é importante. Existem provavelmente mais de cinquenta mil formas de ganhar a vida na América. Portanto, é preciso ter foco no que é importante. Para peneirar os objetivos, percorra a lista, perguntando a si mesmo: *isto realmente é meu objetivo?* Continue seguindo a lista e, dessa forma, você a reduzirá de forma considerável.

Sim, os objetivos têm enorme importância. Siga as instruções e discipline-se a levar a coisa adiante, pois a disciplina faz diferença – especialmente nos dias em que você está desanimado, sem vontade de fazer nada.

VÁ ATÉ ONDE SUA VISÃO PUDER ALCANÇAR.
QUANDO CHEGAR LÁ, VOCÊ CONSEGUIRÁ
VER AINDA MAIS LONGE.

Disciplina diária

Na época em que eu me esforçava para perder peso e estava envolvido com outras coisas também, dei uma palestra em Seattle, no estado de Washington. Peguei um avião de manhã e voltei na mesma noite. Quando finalmente cheguei em casa e estava prestes a dormir, eram quatro horas da manhã. Naquela época, eu achava que precisava me exercitar assim que acordasse, portanto configurei o despertador para tocar às cinco e meia todo dia. Bem, quando olhei para o relógio e imaginei acordar às cinco e meia, pensei: *se eu acordar às cinco e meia, vou ficar imprestável.*

Quase arranquei a tomada do despertador – eu realmente não queria acordar quando o alarme começasse a tocar. Não queria mesmo. Continuei a resmungar um pouco enquanto calçava o tênis. É claro que a corrida não foi nem um pouco divertida e o dia não foi muito produtivo. Porém, essa foi uma das decisões mais importantes que já tomei – manter os compromissos a despeito das circunstâncias, sem exceções.

As exceções destroem os sonhos das pessoas e as impedem de ser relevantes. Se o alcoólatra que está limpo há três anos tomar um único gole, você sabe o que acontece. Se eu tivesse cedido à exaustão naquela noite e não me levantasse na manhã seguinte na hora certa, em outras ocasiões em que dormisse quatro ou cinco horas pensaria em ceder e deixar de me exercitar, e assim por diante. É preciso disciplina para realizar metas. Se tiver essa abordagem na vida, você gozará da visão privilegiada.

Fale consigo mesmo

Para alcançar seus objetivos, que são ter relevância e uma vida equilibrada, você precisa conversar bastante consigo mesmo. Isso já foi mencionado neste livro, no momento em que falei sobre o tipo de vida que chamei de "véspera das férias" – se empregado diariamente, resulta em um futuro de coisas boas. Você tem muitas qualidades além das que foram identificadas. Faça uma cópia e use o compromisso pessoal contido nas próximas páginas, que trazem *um procedimento que vai transformar sua vida.*

Primeiro passo: compromisso pessoal

Eu, _____, me comprometo a definir e atingir meus objetivos na vida. Portanto, no dia _____ de _____ de 20_____, juro que seguirei estas sugestões para definir e alcançar meus objetivos.

Estou disposto a renunciar aos prazeres temporários para buscar a felicidade, e a me empenhar para atingir a excelência nos meus esforços pelos objetivos. Estou disposto a disciplinar apetites físicos e emocionais para alcançar, a longo prazo, as metas da felicidade e da realização.

Reconheço que, para atingir meu objetivo, preciso crescer em nível pessoal e ter a atitude mental correta, portanto prometo aperfeiçoar meu conhecimento no terreno especificamente escolhido por mim e ler com regularidade livros e revistas sobre o crescimento positivo. Participarei também de palestras e seminários, farei cursos sobre crescimento pessoal e desenvolvimento, e utilizarei meu tempo de forma mais eficiente, ouvindo gravações motivacionais e educativas. Manterei uma lista dessas atividades.

Persistência e comprometimento são pré-requisitos para atingir meus objetivos, portanto prometo me esforçar religiosamente pela realização de meus objetivos, todos os dias. Concordo em registrar diariamente meu progresso. E me comprometo a atingir o topo, onde sei que desfrutarei de uma vista magnífica.

Assinado: _____

Um método transformador

Os olhos são a janela da alma. Assim, para tornar-se a pessoa que você é capaz de ser, toda noite, antes de dormir, fique sozinho diante do espelho e olhe-se nos olhos, e na primeira pessoa, no tempo presente, repita com ardor e entusiasmo os parágrafos A, B, C e D. Repita esse processo toda manhã e toda noite de hoje em diante. Dentro de uma semana você perceberá mudanças claras em sua vida. Depois de trinta dias, acrescente o procedimento que está no fim deste documento.

A. "Eu, _____, sou honesto, inteligente, organizado, responsável, dedicado, sou uma pessoa aberta ao aprendizado, sóbria e leal, e compreendo com clareza que, independentemente de quem pague meu salário, sou autônomo. Sou otimista, pontual, motivado, defino metas, sou um empreendedor inovador e disciplinado, focado, confiável, persistente, que pensa positivo e tem muito autocontrole; sou um jogador enérgico que atua em equipe, diligente e esforçado, que aprecia a oportunidade que minha empresa e o sistema de livre-iniciativa oferecem. Sou econômico com meus recursos e uso o bom senso em minhas tarefas diárias. Tenho orgulho sincero de minhas competências, aparência e modos, e estou motivado a ser e dar o melhor de mim, de forma que minha autoimagem sadia tenha uma base sólida. Essas são as qualidades que permitem que eu me oriente e que me ajudam a ter a segurança de um emprego em um mundo sem garantia de emprego.

B. "Eu, _____, sou compassivo, respeitoso, encorajador, generoso, bondoso, paciente, amoroso, sensível, amável, atencioso, uma pessoa divertida. Sou acolhedor, doador e não rancoroso, asseado, gentil, altruísta, afetuoso e terno. Sou um ser humano orientado para a família e um ouvinte sincero de cabeça aberta. Sou otimista e confiável. São essas as qualidades que me permitem construir boas relações com meus sócios, vizinhos, colegas e familiares.

C. "Eu, _____, sou uma pessoa íntegra, de fé, com sabedoria para compreender o que preciso fazer, coragem e convicção para dar continuidade ao meu trabalho. Tenho a visão de me autogerir e de ser um líder para os outros. Tenho autoridade, confiança, e sou humildemente grato às oportunidades que a vida me oferece. Sou justo, engenhoso, criativo, instruído, determinado e prestativo, o que me leva a me comunicar bem com os demais. Sou um professor consistente e pragmático, de caráter, e com um afiado senso de humor. Sou uma pessoa honrada e equilibrada na minha vida pessoal, familiar e financeira, e tenho paixão por ser, fazer e aprender mais hoje, para que assim eu possa ser, fazer e ter mais amanhã.

D. "Essas são as qualidades do vencedor que nasci para ser e me comprometo totalmente a desenvolver essas qualidades maravilhosas que me foram conferidas. Hoje à noite dormirei maravilhosamente bem. Sonharei coisas positivas e poderosas. Acordarei energizado e descansado; o amanhã será magnífico e meu futuro é ilimitado.

Reconhecer, me apropriar, afirmar e desenvolver as qualidades que já possuo me dão a autêntica chance de ser mais feliz, saudável, próspero, ter mais segurança e mais amigos, mais paz de espírito, melhores relações familiares, e esperança genuína de que o futuro será ainda melhor."

Repita o processo na manhã seguinte e encerre dizendo:

"Essas são as qualidades do vencedor que nasci para ser, que irei desenvolver e usar para atingir meus valiosos objetivos. Hoje é um dia novo em folha, que me pertence para que eu o use de forma maravilhosa e produtiva".

Depois de trinta dias, acrescente o próximo passo:

Escolha a qualidade mais forte em você e outra que é preciso melhorar. Exemplo: Mais forte: honestidade. Precisa melhorar: organização. Em um cartão à parte, imprima *"Eu, _____, sou uma pessoa totalmente honesta, e a cada dia me tornarei mais organizado"*. Deixe esse cartão à mão e leia em voz alta em qualquer oportunidade que tiver durante uma semana. Repita esse processo com a segunda qualidade mais forte e a outra que precisa ser desenvolvida. Faça assim até que tenha completado a lista toda. Use esse método de falar consigo mesmo desde que tenha vontade de querer mais coisas que o dinheiro pode comprar e tudo que o dinheiro não compra.

Nota: Por conta de alguma experiência dolorosa do passado (traição, abuso etc.), pode haver alguma palavra ou palavras que suscitem memórias desagradáveis (por exemplo, disciplina). Elimine a palavra ou a substitua por outra.

Os casos seguintes ilustram os resultados positivos de usar essa estratégia de falar consigo mesmo.

Quando comecei esse projeto e estava profundamente envolvido com a importância do diálogo interno, houve uma ocasião em Nova Orleans que nunca vou esquecer. Uma senhora e sua filha estavam presentes enquanto eu falava sobre o valor de afirmar para si mesmo as qualidades da fé, da honestidade, da integridade e do esforço.

Passado um pouco mais de dois meses, recebi dessa senhora um cartão de autoajuda que a filha dela estivera usando. Nesse cartão, a filha sublinhara, marcara e afirmara todas as qualidades ali presentes, inclusive a fé. A mãe me disse na carta: "Sr. Ziglar, minha filha tornou-se cristã. Ela foi assassinada no dia 27 de fevereiro deste ano". Confesso que essa foi uma das experiências mais comoventes que já vivi. Demonstra o poder de afirmar as qualidades que lhe foram dadas por Deus. Você precisa olhar para si mesmo nos olhos, ficar em frente ao espelho e proclamar tais qualidades.

Um dos motivos pelos quais elas surtem efeito é o fato de serem todas qualidades bíblicas, o que simplesmente significa que são testadas e experimentadas há milhares de anos.

A segunda experiência igualmente comovente que tive em relação ao diálogo interno foi em Salt Lake City. Eu havia feito uma palestra para uma grande organização e autografava livros quando uma senhora apareceu e disse: "Sr. Ziglar, preciso falar com o senhor". Pelo olhar dela eu sabia que precisava ouvi-la, apesar da fila de espera.

Ela disse: "Quando ouvi sua palestra e comprei suas gravações, olhei para todas essas qualidades e adquiri o cartão. Mas preciso lhe dizer que, quando olhei, em silêncio ainda, algumas das qualidades que o senhor queria que eu afirmasse, não consegui fazê-lo. De jeito nenhum. Eu só tinha levado pancada na vida. Não havia como pensar dessa maneira a respeito de mim mesma. Precisei ouvir as gravações várias vezes antes que pudesse ultrapassar as duas ou três primeiras afirmações contidas no cartão. Não conseguia seguir adiante até que tivesse ouvido a gravação mais vezes".

Ela continuou: "Chegou o dia em que consegui chegar à oitava qualidade da lista e, Sr. Ziglar, quando isso aconteceu, pela primeira vez na vida percebi que eu tinha valor, que poderia fazer alguma coisa na vida, que eu era importante. E, literalmente, fiquei de joelhos e chorei de alegria e alívio. Continuei a ouvir. Continuei a falar. E continuo a afirmar essas qualidades. Eu apreciei o fato citado pelo senhor de que, apesar de eu ser fraca em algumas dessas qualidades, em Joel 3:10 é dito claramente: 'diga o fraco: eu sou forte'".

E, por fim, disse: "Desse modo, prossegui falando e fazendo as coisas sobre as quais o senhor comentava, e depois de três ou quatro semanas meu marido me disse: 'tem alguma coisa aí. Vejo uma mudança radical na sua vida e quero fazer exatamente o que você está fazendo'". Em seguida, a senhora olhou para mim, com olhos lacrimejantes, e disse: "Sr. Ziglar, pela primeira vez em anos eu acredito que há esperança, não apenas para mim, mas para o meu casamento".

Não existe alegria igual à que se sente quando as pessoas dividem esse tipo de experiência com você. Há tantas coisas que você pode fazer que parecem pequenas, mas que para outra pessoa podem ser uma enormidade. Se você praticar e falar sobre as coisas que está lendo neste livro, isso fará diferença na vida de outras pessoas.

Agora, vou recitar algumas das qualidades. Olhe-se no espelho e diga: "Eu, _____, sou honesto, inteligente, organizado, responsável, comprometido, sou uma pessoa aberta ao aprendizado, sóbria e leal, que compreende com clareza que, independentemente de quem paga meu salário, sou autônomo. Sou otimista, pontual, motivado, defino metas, sou um empreendedor inovador, disciplinado, focado, confiável, persistente, que pensa positivo!".

Todo esse discurso interno produz autocontrole. A verdade é que, até que você consiga gerir a si mesmo, jamais será capaz de liderar outras pessoas. Proclame todas essas qualidades toda manhã e toda noite, durante trinta dias. E, depois, você precisa identificar duas qualidades específicas que tenha – primeiro, a mais poderosa, a mais positiva, sua qualidade mais forte; em segundo lugar, aponte a qualidade mais fraca.

Digamos que você seja uma pessoa otimista, mas sua capacidade de organização não seja muito forte. O próximo passo é escrever no cartão e dizer em voz alta: "Sou totalmente otimista, e minha capacidade de organização está melhorando cada dia mais". Você descobrirá que algo incrível vai acontecer.

Com certeza você já percebeu que, se você comprar um Ford verde, de repente todo mundo na cidade também passa a ter um Ford verde. Da mesma maneira, quando essas qualidades forem absorvidas, em qualquer lugar aonde você vá, em qualquer coisa que faça, acontecerá algo curioso. Por exemplo, ao ligar a televisão, o que estará passando? Como se organizar melhor. Você vai até um restaurante e se senta para tomar um café, e as pessoas ao lado falam sobre como ser mais organizado. Aparecem artigos de jornais e revistas sobre como aprimorar a organização.

Você se convencerá de que existe uma conspiração para ajudá-lo a ter o que deseja. E, se quer saber, terá razão absoluta. É impressionante o que acontece quando você começa a andar nessa direção. As pessoas abrem caminhos, dão um tapinha nas suas costas e dizem "vai nessa!". O encorajamento surgirá em qualquer lugar a que você vá.

Disciplina e obediência

As pessoas me perguntam: "Por quanto tempo preciso manter esse diálogo interior?". Minha resposta é: "Apenas enquanto quiser colher os benefícios... Esse é o tempo durante o qual deve continuar fazendo". É incrível o que acontece quando você mantém o *input* positivo, continua a afirmar suas qualidades e acompanha o processo – garanto que você vai amar a visão privilegiada.

Um dos motivos do sucesso de tantos imigrantes – é quatro vezes mais provável que eles se tornem milionários, se comparados aos naturais dos Estados Unidos – é o fato de que eles têm uma enorme disciplina. Acho que isso demonstra exatamente o que venho dizendo.

Tive o privilégio de falar para o time de futebol americano de Notre Dame antes do início do campeonato. Antes do jogo, minha mulher e eu almoçávamos com o treinador Lou Holtz, três treinadores assistentes e três alunos assistentes. Enquanto comíamos, a cada dois minutos um dos técnicos assistentes dizia a um aluno assistente que era preciso obter mais informação sobre determinado cenário. Imediatamente, um dos alunos assistentes pulava da cadeira e corria para fazer o que precisava ser feito, não importava o que fosse. Em seguida, dois minutos depois, outro aluno ia, e então outro – todos eles se levantavam e se sentavam repetidamente, quase o tempo inteiro.

Embora fosse até divertido de olhar, fiquei com pena dos rapazes e garotas porque não conseguiam comer. Depois que todos tinham saído em uma dessas incursões, o técnico principal disse: "Zig, temos cerca de 250 calouros que se voluntariaram para ser alunos assistentes. E no final de quatro anos, dos 250, cinquenta ainda estão no batente. Às vezes, eu os encontro em viagens ao redor do país e eles falam: 'Treinador Holtz, fui aluno assistente em Notre Dame por quatro anos'. E eu sempre faço a mesma pergunta: 'Qual é o nome da empresa que você administra?'".

Lou disse que, em 100% dos casos, ou eles são donos da empresa ou dizem que não são, mas coordenam centenas de pessoas em um departamento qualquer. Ele contou que esses rapazes e moças conseguem fazer tanta coisa por conta da disciplina a que se impuseram e da obediência espontânea que oferecem à pessoa no comando, que diz o que eles devem fazer. Nunca há rancor ou qualquer sinal de ressentimento.

Durante anos eu li sobre comandantes militares que, depois de vinte anos de serviço, tornam-se CEOs de empresas, e eu pensava comigo mesmo: *como é possível que esse homem ou mulher saiba alguma coisa sobre administração de empresas?* Quando comecei a trabalhar com os militares em alguns dos seus programas de treinamento e desenvolvendo projetos, finalmente comecei a compreender que, no Exército, a obediência é a primeira coisa que se aprende. Quando se está na linha de frente e o comandante ou sargento manda recuar, não há tempo para discussões ou hesitações. Espera-se obediência e o cumprimento das ordens – pois há vidas que podem vir a depender disso.

À medida que você avança, vai aprendendo tática e diplomacia, mas a confiabilidade é o fator principal. Era isso que Lou Holtz me explicava sobre esses rapazes e moças que se davam tão bem – a disciplina e a obediência faziam parte de sua vida, o que é um segredo para ser bem-sucedido.

É INCRÍVEL O QUE ACONTECE QUANDO VOCÊ MANTÉM O *INPUT* POSITIVO, CONTINUA A PROCLAMAR SUAS QUALIDADES E ACOMPANHA O PROCESSO – GARANTO QUE VOCÊ VAI AMAR A VISÃO PRIVILEGIADA.

Autoritarismo e respeito

Uma das distinções mais importantes que precisamos fazer se esperamos um dia desfrutar de uma vista do topo é a diferença entre autoritarismo e respeito. Autoritarismo simplesmente significa um pai que diz à criança: "Faça isso porque estou mandando". Se a criança tem dois anos, explicações complicadas são desnecessárias. Mas, à medida que a criança cresce e começa a desenvolver a própria capacidade de pensar, é preciso dizer: "Eu quero que você faça isso porque..." e dar a ela um motivo válido para que obedeça ao pedido.

Aqui vai um exemplo pessoal. Na primeira sexta-feira à noite depois que meu filho tirou a carteira de motorista, ele queria dirigir até o oeste do Texas, a 250 quilômetros de distância, para assistir a um jogo de futebol americano escolar do qual o time dele participava. Eu disse a ele: "Filho, você não pode dirigir para tão longe. O motivo é que nas sextas-feiras à noite há uma percentagem muito maior de pessoas alcoolizadas nas estradas. Em segundo lugar, o trânsito fica mais pesado, por conta de todos esses jogos. E a experiência que você tem agora não é suficiente para lidar com todas essas situações. Esse dia chegará, mas não agora". Nenhuma argumentação foi necessária. Ele respondeu: "Ok".

Explicar o motivo de uma decisão significa respeito. É aquilo que desenvolve a habilidade de comunicação e cria confiança para aceitar o que foi resolvido. Nunca esquecerei o dia em que um amigo e sua família me pegaram no aeroporto em Cleveland. Combinamos de almoçar e depois ir para o hotel onde eu ficaria hospedado. No caminho, um dos seus filhos, que tinha cerca de oito anos, disse que seria melhor pegar outro caminho, pois seria bem mais rápido.

Meu amigo respondeu: "Bem, filho, eu pensei nisso também, mas cheguei à conclusão de que este caminho vai ser mais rápido porque os sinais são mais bem sincronizados. Mas foi uma boa ideia. Obrigado por me lembrar". O pai mostrou cortesia e respeito ao filho, que o ouviu. Foi respeitoso, mas não autoritário. Existe uma diferença enorme. Pessoas autoritárias dizem: "faça isso porque estou mandando". A pessoa respeitosa fala: "eis o motivo para fazermos assim". Isso suscita no outro um espírito de cooperação muito maior.

EXPLICAR O MOTIVO DE UMA DECISÃO SIGNIFICA TER RESPEITO. É O QUE DESENVOLVE A HABILIDADE DE COMUNICAÇÃO E CRIA CONFIANÇA PARA QUE AQUILO QUE FOI RESOLVIDO SEJA ACEITO.

Terminando bem

Nesta seção final você entenderá por que cobrimos tudo nos capítulos anteriores, já que agora nos encaminhamos para explicar o motivo principal de fazer tudo isso. Comecemos com o seguinte pensamento. Quando me disciplino para comer direito, ter uma preocupação moral na vida, fazer exercícios regulares, crescer mental e espiritualmente e não ingerir nenhuma droga ou álcool, me dou de presente a liberdade de alcançar o máximo, de agir da forma mais acertada e de colher todas as recompensas que acompanham isso – o que certamente inclui um bom final.

Quando penso em um bom final, lembro do meu mentor Fred Smith e do telefonema que ele recebeu do filho, Fred Junior. Este lhe disse: "Pai, por que não vamos a Londres, visitamos algumas livrarias antigas e passamos um bom tempo juntos?". Eles concordaram e tiveram uma experiência incrível. Fred me contou que Fred Junior falava e perguntava o tempo todo: "Pai, sei que você lidou com muitos executivos ao longo dos anos, homens e mulheres tremendamente bem-sucedidos na vida. Mas, pai, me diga como eles terminaram. Eles acabaram bem?".

Essa é uma questão muito importante porque, na verdade, é algo que todos queremos fazer: terminar bem.

Quando garoto, uma das primeiras tarefas que tive no jardim foi preparar a terra e plantar duas fileiras compridas de feijão. Havia duas coisas que eu sabia sobre as tarefas que minha mãe me dava: primeiro, eu sabia que ela me ensinaria exatamente como fazer. Segundo, eu sabia que ela esperava de mim que eu fizesse realmente o melhor possível. Eis um ponto muito importante. Ela não esperava que eu ou qualquer um de meus irmãos e irmãs fôssemos absolutamente os melhores em qualquer coisa que fizéssemos – isso seria impossível. Mas ela esperava que fizéssemos o nosso melhor.

AO FAZER O MELHOR POSSÍVEL,
VOCÊ ECONOMIZA BASTANTE TEMPO,
PORQUE NÃO SERÁ PRECISO REFAZER O TRABALHO.

Ela sempre explicava que, ao fazer seu melhor, economiza-se bastante tempo porque não será necessário refazer o trabalho. Ainda mais importante é que você pode se deitar na cama à noite com a sensação válida e singela de saber que deu o melhor de si. O sono fica melhor quando é assim. Fazer as coisas da melhor maneira possível provoca um sentimento positivo que também o ajudará a terminar bem.

Um vencedor nato

No jogo da vida, sabemos de pessoas que fazem coisas esplêndidas, maravilhosas, mas por algum motivo não ocupam uma posição de destaque, não recebem elogios nem são reconhecidas. Porém, a questão é seu melhor desempenho. Uma das coisas que quero frisar é que você não precisa vencer em tudo para ser um vencedor. Por exemplo, George Washington, ao lutar pela liberdade do país durante a Guerra de Independência, venceu apenas duas batalhas – mas eram as batalhas mais importantes, especialmente a última. Abraham Lincoln participou de quinze eleições e ganhou apenas três. Mas não foi ele o homem que levou o país a perceber que a escravidão era errada, o que levou à liberdade e à preservação da própria União?

Você não precisa vencer toda vez para ser um vencedor – mas precisa dar o melhor de si em todas as ocasiões, para ser o vencedor que você nasceu para ser e para gozar de uma vida absolutamente magnífica. A dedicação que isso envolve é enorme, e vale a pena.

Amo a história de John Stephen Akhwari, um corredor de maratona dedicadíssimo que, nas Olimpíadas na Cidade do México, em 1968, logo no início da corrida caiu e machucou seriamente o joelho e o tornozelo.

Depois de um rápido atendimento médico, em que enfaixaram seu joelho ensanguentado e o tornozelo, ele voltou à corrida para terminar a maratona. A cada passo ele mancava, o que provocava uma dor excruciante. Ao finalmente cruzar a linha de chegada, duas horas depois do último a terminar a corrida, ele deu uma volta olímpica.

Por fim, quando parou, a mídia lhe fez a seguinte pergunta: "Você sabia que não tinha chance alguma de ganhar essa corrida; por que não parou? Está machucado, sentindo dores e mesmo assim continuou até terminar o percurso. Por quê?". A resposta de John Stephen Akhwari deveria servir de inspiração para você, e ainda ressoa em minha mente. Ele disse: "O meu país não me mandou a uma distância de onze mil quilômetros para *entrar* na corrida. Eles me mandaram percorrer esses onze mil quilômetros para *completar* a corrida". Isso aconteceu há muitos anos e ainda hoje as pessoas ficam fascinadas com essa história de dedicação e persistência.

Se você está em uma situação em que não recebe muitos elogios ou reconhecimento, permita-me lembrá-lo de que seu objetivo é completar a corrida, e não começar. Não importa o que digam a seu respeito, a autoestima, a dedicação, a satisfação e a alegria que advêm de dar o melhor de si são absolutamente inacreditáveis. Dessa maneira, você fica tranquilo e sabe que, independentemente do reconhecimento das pessoas, você terá a satisfação interior de saber que fez o que era certo, deu o melhor de si e, sim, terminou bem.

E sua vista do topo será especialmente agradável!

SEU OBJETIVO É COMPLETAR A CORRIDA,
NÃO SÓ COMEÇAR.

11

DANDO PASSOS RUMO AO TOPO

Você tem uma visão privilegiada quando
encara o Criador do universo e Ele lhe diz:
"Muito bem, servo leal e fiel".

Sempre acho engraçado quando as pessoas alegam com orgulho que fazem sucesso por conta própria – e que fizeram tudo sozinhas. Vamos ver se somos de fato feitos por nós mesmos. Permita-me repetir algumas informações que compartilhei anteriormente. Na minha galeria da gratidão tenho 26 pessoas. Você hoje não estaria lendo nada disso se não fossem essas pessoas. Eu sou um homem que se fez por si só? Claro que não. Isso é ridículo. Quer saber? Eu realmente nunca conheci uma pessoa que se fez por conta própria. Conheci várias que superaram uma quantidade gigantesca de obstáculos e dificuldades, mas tiveram ajuda em cada etapa do caminho – você pode acreditar nisso sem hesitação.

Por falar em terminar bem, nossa compaixão, interesse e preocupação com as outras pessoas têm grande importância. Refiro-me repetidamente a minha própria vida, quando uma professora do primeiro ano soube da situação da minha família e me mostrou a importância da educação.

Dessa forma, movida por compaixão, ela ia até a nossa casa, pois eu fiquei doente e acamado por quatro meses, e me dava aulas duas vezes por semana, para que eu acompanhasse as atividades escolares. Sua compaixão teve um efeito enorme na minha vida, e se não fosse por ela nunca teria terminado o Ensino Médio. Acabaria convocado pelo Exército enquanto estava no colégio. Completar o Ensino Médio me deu a possibilidade de ter mais instrução, porque eu pude entrar no programa naval V5, que começava na faculdade.

A compaixão é de enorme importância. Alguém disse: "Sobe mais alto quem desce para levantar o outro". Isso é compaixão. É o que importa. A fé também é importante, já que *a fé e o medo não podem coexistir.* De fato, na Bíblia é dito 365 vezes "não temas". O medo é uma falsa evidência. Se quisermos fazer um acrônimo para a palavra inglesa FEAR [medo, em português], teremos Falsa Evidência Aparentemente Real. Refiro-me ao medo irracional. É claro que você precisa ter medo de atravessar uma avenida de tráfego intenso em ambos os sentidos – isso é bom senso. Mas o medo irreal é um dos maiores entraves que você encontrará.

E aí entra a coragem. A coragem é a base sobre a qual todo o resto é construído. Se você não tiver a coragem de fazer o que é direito, de usar aquilo de que você precisa, de se dispor a correr riscos calculados, não será tão bem-sucedido ou feliz na vida.

Para amarrar tudo isso – compaixão, fé, medo e coragem –, dou a seguinte informação. Dos formandos da turma de 1949 da Universidade de Harvard, que incidentalmente naquela época não permitia mulheres, perto de 50% atingiu enorme sucesso na vida. Eles se tornaram vice-presidentes de grandes corporações, ou presidentes, CEOs ou presidentes do conselho. Foi feito um estudo sobre eles, a CNN exibiu um especial de trinta minutos e o assunto resultou em um livro. Perguntou-se a eles: "Por que você acha que foi incrivelmente bem-sucedido?". Todos responderam a mesma coisa: "Antes de mais nada, tudo o que fizemos foi feito com integridade. Em segundo lugar, tivemos esposas que não eram apenas brilhantes, mas nos apoiavam muito. Éramos uma equipe; trabalhávamos juntos. E, finalmente, estávamos dispostos a assumir riscos, mas não éramos apostadores".

Existe essa diferença. Assumir riscos envolve certa coragem, especialmente quando você está em um cargo executivo e todo mundo depende das suas decisões. Onde você se ergue determina o lugar onde se senta – seja no conselho da diretoria ou na sala de aula. Se você tem fé, coragem e compaixão pelos outros, age como um jogador de equipe e tem êxito – pois leva consigo muitos amigos. Tudo isso junto se chama sucesso. Então, você, ao lado de seus amigos e sócios, desfrutará da visão privilegiada.

O passo final ao chegar a seu destino não é apenas abraçar o que lá estiver esperando como recompensa por você ter chegado; é reconhecer quem você se tornou ao chegar ao destino, que alguns disseram que você nunca alcançaria.

O último passo consiste em expressar gratidão e apreciação a todos aqueles que o ajudaram em seu sucesso e ascensão. Não se trata apenas da coisa certa a fazer, mas é também um sinal de classe. *A gratidão é a mais saudável de todas as emoções humanas*. Quando expressamos nossa gratidão de maneira maravilhosa e livre, demonstramos nosso sincero agradecimento pelo que os outros fizeram por nós.

Como já mencionei, uma das minhas pessoas favoritas, amigo meu desde seu tempo no Arkansas, é Lou Holtz. Lou ganhou fama internacional por escrever mensagens de agradecimento personalizadas às pessoas das quais recebera ajuda e encorajamento. É um sinal de classe, e eu recomendo escrever essas notas e dar esses telefonemas. Você nunca sabe quando essas pessoas estarão na pior. Elas podem estar pensando que suas vidas não significam muita coisa para ninguém, especialmente hoje em dia. Sua mensagem pode ser um tremendo empurrão de estímulo e motivação.

Lembre-se de que você não pode ter tudo o que deseja na vida sem ajudar outras pessoas a ter o que precisam. Todo mundo deseja ser respeitado e valorizado, e sua mensagem ou telefonema expressam exatamente isso. Faça isso.

Doze passos

Durante o processo de terminar bem, creio que os doze passos do Alcoólicos Anônimos sejam realmente um conselho maravilhoso. Primeiro, até que você reconheça que tem um problema, não há como resolvê-lo. Esse é o primeiro passo. Reconhecer nem sempre traz uma solução, mas, até que se reconheça o problema, nunca haverá saída.

Muitas organizações diferentes usam esses passos em diversas circunstâncias. Qualquer participante admite que tem um problema, que é o primeiro passo para resolvê-lo.

Número dois, reconhece-se a dependência de Deus, da forma como O compreendem. Em outras palavras, as pessoas reconhecem que vêm enfrentando determinado problema, lutando contra ele há anos, sem solução. Elas reconhecem que precisam da ajuda, e assim Deus, tal como elas O compreendem, começa a compor grande parte do quadro que põe em foco a solução do problema.

Outro fator de enorme importância dos doze passos se refere a um princípio bíblico que diz que no conselho da multidão há sabedoria. Amigos e conhecidos que já superaram o problema dão conselhos e fazem companhia, pois a solidão é um dos motivos que levam alguém a ter problemas com álcool ou drogas.

Outro princípio que me entusiasma é o fato de sermos advertidos para nos empolgarmos com os problemas, e eis o porquê. Confesso que nunca rezei dizendo: "Senhor, dê-me mais problemas, estou em uma situação confortável demais". Mas talvez eu devesse, já que os problemas criam paciência, persistência, que por sua vez criam caráter, que traz esperança, e a esperança dá força. O conjunto de todos esses princípios é o que irá encontrar no programa dos doze passos do AA.

Desde que tenha esperança e reconheça a força e o benefício capaz de surgir de um problema, você jamais irá ignorar o lado bom de qualquer situação negativa que encontrar, pois em toda situação ruim há algo de bom, basta procurar.

Umas das minhas pessoas favoritas no mundo todo era o dr. Norman Vincent Peale. Ele apareceu na minha vida em uma fase muito difícil – quando havia uma porção de situações negativas. Nas vendas diretas, os gerentes de vendas são os responsáveis pelo sucesso da organização. Eu tinha quatro gerentes de vendas e todos fracassaram – um após o outro. Primeiro, o que havia sido promovido para ocupar o meu lugar não tinha experiência, e sua organização começou a desmoronar. Segundo, um deles teve um problema ético e sua empresa faliu. O terceiro teve um ataque cardíaco, que provocou o fracasso de sua organização. E o quarto quase teve o dedão do pé decepado, precisou ficar trinta dias de cama e teve de usar muleta por vários meses. A firma dele também ruiu.

Então, organizei uma longa reunião de chororô dedicada a mim – ai de mim. Culpavam-me por todas as dificuldades e eu só podia pensar *isso não é justo. Sou uma boa pessoa; eles são os caras do mal. Não tenho absolutamente nada a ver com esses problemas.* Bom, como você sabe, o principal problema com as reuniões de chororô é que pouquíssimas pessoas comparecem – e ninguém jamais traz presentes.

Enquanto caminhava pelas ruas de Knoxvile, Tennessee, vi na vitrine de uma livraria um livro intitulado *O poder do pensamento positivo.* Pensei comigo mesmo: *cara, se algum dia precisei de uma perspectiva positiva, esse momento é agora!* Comprei o livro, devorei-o por completo e o dr. Peale concordava comigo. Naquele livro, ele disse tantas vezes: Zig, você não tem culpa que o sujeito teve um ataque cardíaco, que o outro foi pego roubando, que o cara machucou o dedão do pé e o outro era inexperiente. Tudo isso não é sua culpa. Porém, Zig, eu gostaria de falar sobre *sua* responsabilidade. Você tem uma grande empresa e muita gente depende da sua liderança. É sua política empresarial. É sua convicção. É sua atitude que fará a diferença para essas pessoas. Agora, Zig, você sabe muito bem que pode superar todas essas coisas – basta usar a experiência que você já tem.

PROBLEMAS CRIAM PACIÊNCIA,
QUE CRIA PERSISTÊNCIA, QUE DÁ CARÁTER,
QUE DÁ ESPERANÇA, QUE DÁ FORÇA.

É preciso dizer que fiquei muitíssimo motivado ao ler aquele livro, e, dentre as 66 empresas nacionais, ainda que eu tivesse herdado o cargo só em abril ou maio, terminamos aquele ano em quinto lugar no país inteiro. Foi uma recuperação épica. Por que é tão importante para mim? Mais tarde na vida, o dr. Peale tornou-se um amigo muito próximo. Ele e sua esposa, eu e minha mulher viajamos juntos pela Austrália. Tive a oportunidade de observá-lo em toda situação imaginável. Não só era um homem brilhante e um escritor prolífico, como ainda trabalhava em equipe. Ele e sua mulher, Ruth, eram um time.

Além do mais, o dr. Peale é um dos homens mais bondosos e humildes que já conheci. Nunca o vi demonstrar qualquer sinal de arrogância e jamais vi qualquer reação rude ou sinal de indelicadeza de sua parte em relação a qualquer pessoa. Eis um exemplo de sua atitude. Uma vez o encontrei na Austrália, quando ele viera de Cingapura. Ele voara a noite toda, e naquela época tinha mais de setenta anos. Quando me viu, cumprimentou-me com um forte e caloroso aperto de mão e disse: "Zig, preciso lhe contar o que acabou de acontecer. Passei a noite toda acordado no avião e preciso lhe dizer o que o rapaz me falou!". O dr. Peale continuou a me contar uma história muito interessante sobre como esse jovem, que ele acompanha de perto, havia avançado em sua vida. Agora, preciso dizer que o dr. Peale deu palestras até os noventa anos de idade. Seu gosto pela vida, seu entusiasmo, suas palavras encorajadoras, mas, além de tudo, sua delicada humildade o levaram adiante.

O dr. Peale era sábio, tinha uma brilhante instrução, estava disposto a ajudar quem precisasse de ajuda e tentava encorajar qualquer pessoa que conhecesse. É certo que ele foi um exemplo para mim e está na minha galeria da gratidão. A atitude dele, seu olhar sobre a vida, compaixão e dedicação aos outros lhe permitiram gozar inteiramente de uma vista do topo, pois com certeza chegou a ela levando consigo muitas pessoas.

Você também conseguirá, com o mesmo tipo de atitude e empenho.

Planos de ação

A esta altura, existem alguns planos de ações fundamentais a serem rigorosamente seguidos na sua caminhada rumo ao topo.

Passo número um: faça uma lista de todas as pessoas a quem você precisa agradecer por terem ajudado durante sua jornada na vida. Essa lista é muito importante. Terá um significado enorme para você, e é preciso garantir que essas pessoas saibam que desempenharam um papel muito importante na sua vida. Isso *as fará* se sentir bem. Fará *você* se sentir bem. O ideal seria colocar fotos dessas pessoas na sua galeria da gratidão.

Passo número dois: faça uma lista das pessoas que o prejudicaram em algum momento e certifique-se de perdoá-las absolutamente. Já falei bastante sobre o perdão, porque é extremamente importante. Quando você perdoa as pessoas, é espantosa a quantidade de reconciliações que vêm a seguir, devido ao caminho aberto pelo seu perdão.

Um caso verdadeiro. Em certo ponto da minha vida duas pessoas me prejudicaram. Devo dizer que foi feio. Processei ambos, e a conclusão é que a justiça me concedeu tudo que pedi no processo. Na minha mente, foi a prova de que eu estava certo e eles errados. Mas me equivoquei terrivelmente em uma coisa: eu contara a muita gente o que esses canalhas haviam feito comigo. Quando me converti ao cristianismo, em 4 de julho de 1972, percebi que precisava buscar o perdão. Havia certa covardia de minha parte em relação a isso; não abordei as duas pessoas de imediato. Preciso até confessar certa culpa por tramar um pouco a respeito disso.

No dia de Natal, imaginei que todo mundo estivesse em clima de perdoar, por isso telefonei naquele dia para cada um dos homens e me desculpei por tê-los processado, explicando que deveríamos ter lidado com a situação como amigos ou sócios. Poderíamos ter lidado de modo completamente diferente. Eu me desculpei, pedi perdão, e ambos aceitaram minhas desculpas e disseram que me perdoavam. Curiosamente, nenhum deles reconheceu que também errara. Mas isso não importa. Senti uma enorme liberdade por ter pedido a eles que me perdoassem.

Eis aqui outra parte interessante da história. Só fui falar novamente com um dos sujeitos depois de 25 anos, mas o outro e eu renovamos nossa parceria comercial, que tem sido muito boa e lucrativa para ambos. O perdão tem enorme importância, e tira um fardo das nossas costas.

> O PERDÃO TEM ENORME IMPORTÂNCIA,
> E TIRA UM FARDO DAS NOSSAS COSTAS.

Se por algum motivo não puder entrar em contato com alguém da lista, é preciso escrever uma carta para essa pessoa. Na carta você deve acusá-la de todas as coisas ruins que ela lhe fez. Você precisa listar todas elas. Escreva algo do tipo "foi uma canalhice, um golpe baixo e sujo que você me deu. Não acredito que você fez isso etc.". Escreva tudo – podem ser duas páginas, dez páginas, vinte páginas. Escreva tudo o que lhe vier à mente.

Em seguida, depois que a carta estiver pronta, vá até o quintal com uma caixa de fósforo, acenda e queime página por página. Ao queimar cada página, repita: "Você errou fazendo isso, mas agora eu o perdoo. Estou queimando qualquer prova disso. É algo que deixará minha mente para sempre". É incrível o que isso fará com você. Mas só faça isso se não conseguir entrar pessoalmente em contato com a pessoa, ou caso seja um erro procurá-la novamente. Por exemplo, no caso de uma relação adúltera, talvez você não queira ter contato novamente com essa pessoa para lhe pedir perdão, pois pode acender algum interesse. Nesse caso, apenas escreva a carta, peça perdão e então queime-a. É certo que fará uma diferença enorme na sua vida e com certeza causará um aprimoramento de sua visão privilegiada.

Identificando o topo

Quando escrevi a primeira versão do meu livro *Além do topo* e mandei para o editor, ele respondeu por escrito: "Zig, antes de dizer às pessoas para subirem até o topo, você precisa *identificar* o topo". Portanto, me sentei para identificar o topo, pensando que seria uma tarefa fácil. Mas pensei e refleti bastante sobre o assunto. Fiz tudo o que era imaginável para tentar identificar o topo. Fui dar longas caminhadas, coisa que sempre me ajuda a encontrar as respostas para minhas perguntas, mas não consegui achar uma explicação viável do que realmente seria o topo.

E então um dia minha esposa e eu fomos a Shreveport, na Louisiana, visitar a irmã dela em uma casa de repouso. Muitas pessoas ali têm problemas de saúde e são irrecuperáveis. Muitas têm Alzheimer ou outros sinais de demência. Muitas têm problemas físicos inacreditáveis. Por sorte, minha cunhada não chegava perto de nada disso. Ela tem esclerose múltipla e precisa de cuidados. Naquela determinada ocasião, eu observava minha esposa enquanto ela agarrava e abraçava as pessoas da casa de repouso. As pessoas a cumprimentavam calorosamente – mesmo as que tinham Alzheimer pareciam reconhecê-la de alguma forma. Ela é ótima nos abraços.

Bem, naquele dia em particular foi especialmente difícil para mim ficar olhando. Saí do quarto e fui caminhar um pouco. Comecei a rezar e pedi a Deus que me desse o mesmo tipo de coração, a mesma compaixão pelos outros que tem minha esposa. Devo ter ficado dez ou quinze minutos fora, e, quando voltei, todos haviam se dirigido para o grande salão onde faziam as refeições, festas e entretenimentos. Sentei-me à mesa com minha esposa e minha cunhada e de repente começaram a brotar pensamentos na minha cabeça.

O único pedaço de papel que eu tinha era o verso de uma conta de um hotel de beira de estrada, e foi ali que comecei a escrever. Trinta minutos depois, eu havia escrito 90% do que você lerá agora:

- Você tem uma vista do topo quando compreende com clareza que o fracasso é um acontecimento e não uma pessoa.
- Você tem uma vista do topo quando percebe que o dia de ontem terminou na noite passada e que hoje é um dia novinho em folha.
- Você tem uma vista do topo quando fez as pazes com o passado, é focado no presente e otimista acerca do futuro.
- Você tem uma vista do topo quando sabe que uma vitória não o faz ser quem é, e que uma derrota não o destrói.
- Você tem uma vista do topo quando está cheio de fé, esperança e amor, e vive sem raiva, cobiça, culpa e pensamentos de vingança.
- Você tem uma vista do topo quando tem maturidade suficiente para adiar as gratificações e se concentrar nos seus

direitos e responsabilidades – você sabe que deixar de defender o que é moralmente correto é o prelúdio para você ser vítima do que é criminalmente errado.

- Você tem uma vista do topo quando está seguro de saber quem é, está em paz com Deus e com uma disposição fraterna em relação aos outros.
- Você tem uma vista do topo quando fez as pazes com seus adversários e ganhou amor e respeito das pessoas que o conhecem bem.
- Você tem uma vista do topo quando compreende que outras pessoas podem lhe dar prazer, mas a verdadeira felicidade vem de fazer coisas para os outros.
- Você tem uma vista do topo quando é agradável com o rabugento, educado com o grosseiro e generoso com o necessitado.
- Você tem uma vista do topo quando ama aqueles que são difíceis de serem amados, traz esperança aos desamparados, oferece amizade a quem não tem amigos e encoraja aqueles que se sentem desanimados.
- Você tem uma vista do topo quando consegue olhar para trás com perdão, para a frente com esperança, para baixo com compaixão e para cima com gratidão.
- Você tem uma vista do topo quando sabe que o maior dentre todos deve servir a todos.
- Você tem uma vista do topo quando reconhece, confessa, desenvolve e usa as aptidões físicas, mentais e espirituais que Deus lhe deu para a glória do Senhor e em benefício da humanidade.
- Você tem uma vista do topo quando se põe diante do Criador do universo e Ele lhe diz: "Muito bem, meu bom e leal servo".

Não tenho dúvida nenhuma de que, ao pensar seriamente sobre esses quinze pontos, ao torná-los parte de sua vida e empregá-los diariamente, você será realmente contemplado com uma maravilhosa vista do topo.

FONTES Tiempos Text, Mark Pro
PAPEL Pólen Bold 70 g/m²
IMPRESSÃO Lis Gráfica